脳で旅する日本のクオリア　茂木健一郎

カバー題字
茂木健一郎

カバー写真
浅井広美

目次

第二章

信仰のクオリア

第三章

歴史のクオリア

はじめに

日本のクオリアを旅する。そんな漂泊の思いに誘われて動き回る中で、本書は完成した。

子どもの頃から、数限りない旅を重ねてきた。網を懸命に振り回しながら蝶を追った北海道、原生花園《げんせいかえん》の夏。中学校の卒業記念に友人と訪れた伊豆大島の春。大学生になってから訪れた沖縄の、いつも心地よい風が吹いているような肌合い。さまざまな機会をとらえて、日本の東西南北を旅する中で探ってきた感触。経験を重ねるうちに、私の心の中に、次第に「日本のクオリア」のイメージがぼんやりと見えてきたのではないかと思う。

それは、うららかな春の日差しを浴びてはらはらと散る桜かもしれない。白木のカウンターに座っていただく寿司かもしれない。祭りばやしの聞こえる夏の闇かもしれない。そのような印象の錯綜《さくそう》する中に、ゆっくりと浮かび上がってくる何ものかがある。

日本のクオリア。それは、さまざまな芸術作品の中にもある。『松林図屏風《しょうりんずびょうぶ》』や、伊藤若冲《いとうじゃくちゅう》の鶏や、『日月山水図屏風《じつげつさんすいずびょうぶ》』の中に描かれた何ものか。写楽《しゃらく》の役者絵や、北斎《ほくさい》の富士や、近松門左衛門《ちかまつもんざえもん》の戯曲。小林秀雄の評論や、ユーミンの歌詞。宇多田ヒカルの楽曲。

「クオリア」とは、私たちの意識の中でとらえられるさまざまな「質感」のことである。薔薇《ばら》の赤。水の冷たさ。ほほをなでる風のさわやかさ。夕暮れ時に訪れるそこはかとない寂しさ。蜜の甘さ。クオリアは、目覚めた瞬間から、絶えることなく私たちの意識を満たしている。物質である脳の活動から、いかにしてクオリアが生み出されるのか。この謎を解くことが、現代科学の最大の課題の一つとなっている。

　近代の文明をつくる原動力になった科学の進歩。私たちの身体の解剖学的な構造が明らかにされ、無数の有機物質の分子構造もわかってきた。今や人間の遺伝子の配列は、すべて解明されている。

　かつて、18世紀のフランスの哲学者ジュリアン・オフレ・ド・ラ・メトリーは、唯物論的な立場から、『人間機械論』という名の著作を出版した。当時は物議を醸した論も、徐々にその当否自体を疑うことはできなくなった。20世紀になり、相対性理論で私たちの世界観を革命したアインシュタインは、アルコールが脳に及ぼす作用を見れば、複雑とはいえ私たちも物質に過ぎないことは明らかであると論じた。

　私たちの見る夢は有機分子の機械の夢であり、抱く哀しみは有機分子の機械の哀しみである。人間がもし分子機械だとすれば、私たちの魂の問題は一体どうなるのか？「いかに生きるか」、「他者に対してどう接するべきか」といった倫理問題の基礎はどこに求められるのか？　答えは容易にはわからない。

クオリアは、現在における人類の世界観に空いた穴である。解決できなくても、問い続けるしかない。深い謎に向き合うことで私たちの中で何かが触発される。生命が動かされ、やがて開いていく。私たちがクオリアに満ちた意識を持つ存在であるという事実が、未だ見知らぬ私たちの魂の故郷へと誘ってくれる。

クオリア自体は、世界のどこでも成り立つ普遍的な概念だが、私たちの住むこの「日本」という文脈に置き換えると、いきいきとしたユニークな調子を帯び始める。

春夏秋冬の、四季の変化に満ちた日本。その中で成長してきた私たちは、クオリアに対する繊細な感性を知らないうちに育んでいる。

子どもの頃、春になると虫たちが出てくるのが楽しみだった。桜の花が散る頃に、まるでひらひらと舞う花びらに合わせるように、「ツマキチョウ」という白い可憐《かれん》な蝶が姿を現す。一般の人は、ひょっとしたらモンシロチョウと区別がついていないかもしれない。弱々しく飛ぶツマキチョウの姿が、私にとって春の訪れを告げる大切な印だった。

夏になると、田んぼの暗がりの中に蛍を探しにいった。闇の中に見え隠れする光の点滅を追って、妹や父母とあちらこちらとさ迷い歩いた。

平安時代の歌人、和泉式部《いずみしきぶ》には、「ものおもえば沢の蛍もわが身よりあくがれいずる魂かとぞみる」という歌がある。「後拾遺和歌集《ごしゅういわかしゅう》」に収められたこの一首は、日本人が「蛍」という昆虫に託してきた想いを表して印象的である。

学生時代、学会でアメリカ東部の街を訪れた時のこと。現地の人と歩いていたら、住宅が立ち並ぶ通りを光の筋がすっと通った。あれは何か、と聞くと、「ファイヤーフライ」だという。「この辺りに川があるのか？」と尋ねると、「ファイヤーフライには川は要らない」との答えだった。

蛍の訳語は確かに「ファイヤーフライ」かもしれない。しかし、日本人にとっての「蛍」と、アメリカ人にとっての「ファイヤーフライ」は異なる。「蛍」のクオリアと「ファイヤーフライ」のクオリアは異なる。私たち日本人のクオリアに対する繊細な感覚は、日本のきめ細やかな風土に育まれてきた。

クオリアの問題を突きつめていくと、生命の問題になる。意識は、私たちの生命活動の表れであり、心脳問題は、生命とは何かという命題と共鳴する。日本人がクオリアに対してもつ繊細な感受性は、日本の生命哲学へと通じていく。

約千三百年にわたって「遷宮《せんぐう》」を繰り返してきた伊勢神宮。生命の本質は「世代交代」である。物質的な成り立ちが替わったとしても、エッセンスは受け継がれる。死と再生。伊勢の遷宮は、日本人の生命哲学を表して見事である。

日本において特異的に発展した「秘仏」という信仰の形式。もともと、神道《しんとう》における御神体も秘されている。本質的なものは、目に見ることができない。それは、ただ、心の中でありありと思い浮かべることしかできない。そのような日本人の哲学が、「秘仏」という設《しつら》いに表れている。

世界に誇る文学の傑作である『源氏物語』。人生において避けることができない「何が起きるかわからない」という偶有性。その偶有性を抱きしめることでしか、私たちの命は輝かない。愛の機微も、明日をも知れぬという偶有性の中でこそ育まれる。そのような生命観に基づいて展開される光源氏の物語は、千年を経た今でも私たちの心をとらえて離さない。

江戸時代の国学者本居宣長《もとおりのりなが》は、『源氏物語』の本質を「もののあはれ」と呼んだ。生きている中で、思わずため息をもらしたくなるような、ある感慨を抱くこと。人とのかかわりの中に、生きていることの実感をつかむこと。全ては流れいく。一つに留まることはない。そのような日本人の美意識、生命観を、『源氏物語』、本居宣長の伝統を受けて、私たちは確かに受け継いでいる。

もっとも、日本のクオリア、日本人の生命観は無条件で続いていくのではない。現代の日本人は、果たして祖先の人たちと同じような、震える心を持って「蛍」の光を見つめているだろうか。かつて、小林秀雄が亡くなった母親に捧げるための蠟燭を買おうと歩く沢沿いの道で、大ぶりの蛍を見て「おっかさん」だと思った。そのような開かれた感性を私たちは持ち続けているだろうか。

どれほど文明に包まれて生きていたとしても、私たちの生から偶有性は消えない。私たちがいつしか死すべき存在であることも変わらない。大都会の雑踏の中を歩いていても、インターネット上のデジタル情報の海におぼれていても、偶有性の響きは必ず私たちの耳に届いている。「もののあはれ」は今日でも私たちの胸を打つ。そして、日本のクオリアは、私たちの生命とともにあり続けているはずだ。

それでも、私たちは時に日本のクオリアを探しに遠くへとでかけなければならない。旅をすること。大きな空の下を移動することで、さまざまなクオリアと出会うこと。人間としての感性が揺り動かされる。魂が一撃され、旅を終えた時には人が一変している。クオリアと旅。二つの契機が絡み合うことで心は甘くかき乱される。生命は動き、主体は流されていく。やがてどこかにたどり着くまで。

生命は、常に再生されていかなければならない。止むことのない漂泊の思い。私もまた、専門である脳科学の分野において、クオリアを生み出す脳機構についてさまざまな考察を重ねつつ、一方では一人の生活者として揺れ動き続けてきた。人生は何が起こるかわからない。そのために人は不安にもなるし、恐怖にもかられる。しかし、そこに踏みとどまっていてはいけない。一歩前に進まなければ、何にも出会うことはできない。

人生の中の偶有性を抱きしめること。それでこそ、素晴らしい幸運があり、美しいクオリアにも出会うことができる。そのことを、私たちの祖先は知っていたのではないかと思う。

日本のクオリアを巡る旅。それは、現代人にとっての「魂の再生」のプロセスであると同時に、私たちの古層を探る試みでもある。

きっかけは小さなものたち。日本のクオリアは、見落としてしまっている世界の片隅の中にある。何の保証もなく、暗闇の中を懸命に飛び回る蛍。私たちもまた、自分の小さな命に世界を託して、私たち自身の生命の由来を探る旅へと出かけることにしよう。

第一章　自然のクオリア

白神山地Ⅰ 青森県西目屋村

ざわめきと、躍動と

一度も行ったことがないからこそ、想像の中でイメージが大きく膨らんでしまっている場所がある。

屋久島《やくしま》もそうである。実は一度、行くはずだった。鹿児島港から渡ろうとしたら、予約なしでは高速船はいっぱいで乗れないと断られた。船に予約が必要だという頭がなかった。

旅がイメージ通りに行かないと精神のバランスが崩れる。しばらく波止場で気を散らし、思案した。代わりに種子島《たねがしま》に行った。夜中に、海岸に行ってたき火をした。だから、ウミガメが卵を産みに来る長い海岸のことは脳裏に焼き付いている。一方、屋久島の姿がどのようなものなのか、想像ばかりが膨らんで一向に現実に着地しない。空想の中では、縄文杉までの道を何回も登っている。

白神山地《しらかみさんち》もまた、まだ見ぬままに私の中でイメージが膨らんでいた場所である。最初に白神のことを知ったのは、学生時代に、「スーパー林道（青秋《せいしゅう》林道）*1」というものが計画されているというニュースを通してだった。古来残ってきた美しい森に、経済合理性という名の下で開発を入れる。それはいかにも愚かな行為に思えた。しかし、子どもの頃から身近な東京近郊の森に次々とブルドーザーが入る様子を見てきた私にとっては、避けられない世の習いであるようにも映った。

その後、白神山地は世界遺産に登録された。1993年、屋久島とともに、自然遺産として日本で初めての登録だった。人手の入っていない、ブナの原生林。開発の魔の手の代わりに、ユネスコの保護の手が差し伸べられた。これで、当分はもう大丈夫。白神の地に、「魔法のバトン」が振り下ろされたかにも思えた。

森にはあこがれと畏《おそ》れの感情を抱いている。山中に旅して、月も出ていない暗い夜、森の縁まで歩いていくことがある。何があるのか、想像しただけで畏怖《いふ》の念がこみ上げてくる。がさがさ、そわそわといろいろな物音がする。その中に入り込めば、もう出て来られないような気もする。しかし、汲《く》んでも尽きぬ豊饒《ほうじょう》には、踏み入らなければ出会えないようにも思う。森に飛び込むのは勇気がいることかもしれないが、そのことで得られる何ものかの予感に誘われる。

世界遺産にふさわしい森林の様子というものを、一目見たい。その機会が、やっと訪れた。

日照が一番長くなる季節に、羽田《はねだ》を飛び立った。空港から車に乗る。次第に緑が広々としていく。遠くに岩木山《いわきさん》が見える。気が付けば、周囲にりんご畑が広がる。

窓に流れる風景を眺めていて思い出した。しばらく前に、無農薬、無肥料でりんご作りに挑戦している木村秋則《きむらあきのり》さんに会ってお話をしたのであった。

農薬を使っていて、肌がただれてしまった。それで、木村さんは一念発起した。安全で美味《おい》しいりんごを作りたいという理想に燃えて歩み始めた。しかし、一年目、二年目とりんごの花が咲かない。数年経《た》っても、咲く気配がない。アルバイトで支える生活も苦しくなる一方である。もう死ぬしかないと思って岩木山に一人登った夜に、木村さんは大自然から大切なヒントを受け取る。

山の中に農薬を撒《ま》く人などはいない。それでも、周囲の葉っぱに食虫害は目立たない。足元の土を触るとふかふかである。どうしてだろうと考えて、はっと気付いた。

大自然の中には様々な生物がいる。葉っぱを食べてしまう虫もいるが、同時にその虫を食べる者もいる。様々な生きものが織りなす複雑な生態系の中で、お互いに支え、支えられて全体としてバランスがとれている。

農薬を使うということは、その空間の生物を根絶やしにするということである。確かに害をもたらす昆虫はいなくなるが、同時に他の生きものも消える。「ホロコースト」で「更地」となったその場所に、何かのきっかけで害虫が侵入すれば、一気に増えてかえって大きな害になってしまう可能性がある。

一方、様々な生きものが複雑な関係性のネットワークを織りなす豊かな生態系では、一種類の生物が突出してしまうということはない。どの生きものも野放図に増えてしまうことはなく、全体として調和がとれている。

りんご畑に大自然のような奥深いエコロジカル・システムを作ることが、自分の目指しているりんご作りに欠かせない要素だと気付いた木村さん。切って放っておいても腐らない「奇跡のりんご」誕生へのきっかけを掴んだ。

木村さんがこの上ない叡智《えいち》を掴んだのは、岩木山の森の中だった。森の中から智恵を汲み出すには、それなりの精神の準備が要る。体力だけがあれば良いのではない。知識だけでも足りない。森の中に息づく様々な生命の様子に目を凝らし、耳を澄ませ、感覚を開かなければ、せっかくの宝物に気付かずに通り過ぎてしまうかもしれない。

あの木村さんのりんご畑は、この近くにあるはずだ。どうやら、全てはつながっている。走る車の中で、いよいよ森の中に分け入るのだという心地よい緊張感が、次第に高まってきた。

今回白神の森を案内してくださるのは、15歳でマタギ[*2]に入門して以来、50年間白神の山を歩き続けてきた[*3]工藤光治《くどうみつはる》さん。生涯のほとんどを深い森の中で過ごしてきた人は、一体どのような表情をしているのだろうか。

待ち合わせは、弘前《ひろさき》のバスターミナル。地元の子どもたちが描いたのか、カラフルな生きものたちの絵をボディに装ったバスが入ってくる。やがて、それらしき人がきた。年経た樫《かし》の木が風にそよいでいるかのようにたたずむ。そして、静かに、どこか恥ずかしそうに言葉という音楽を奏でている。

工藤さんの車で走る。民家が途切れてくる。併走する川の気配の何かが濃くなってくる。県道から、舗装されていない道に入る。そのようにして文明の気配が本当に消えていってしまうまでの時間の流れを、まるで奇跡の中にでもいるように感じていた。

車のエンジン音が途切れると、静けさに包まれた。林の中に人がやっと通れるような小さな道が続いている。かろうじて辿《たど》っていくと、やがて木の間にちらちらと小屋とそれから人影が見え始めた。元気そうな子どもたちが跳ねている。工藤さんのお孫さんたちだという。こうやって、マタギ小屋に遊びに来ている。大自然の英才教育。「もう帰る」と言うが早いか、あっという間に消えてしまった彼女たちが、森の精だったように思えてくる。

工藤さんは、背負子《しょいこ》を下ろすと小屋の中にある熊の毛皮を見せてくれた。

「ほら、まだ臭《にお》うでしょう」と工藤さん。春に撃ったものだという。前足のツメが残っている。マタギは、森で何かを得ることを「さずかる」と言うのだという。工藤さんがさずかった熊。古来珍重され経済的にも価値が高いのは「熊《くま》の胆《い》」だが、冬眠から醒めた直後のものを撃たなければダメなのだという。冬眠している間、熊は絶食する。その間、肝臓から分泌される胆汁が、胆嚢《たんのう》に蓄えられていく。

冬眠から醒めた直後には、胆嚢には胆汁がたっぷり蓄積されている。そのような「熊の胆」は、だから、価値が高い。一方、冬眠から醒めて、食べものを採り始めると、胆汁は十二指腸に分泌され、その量が減ってしまう。従って、マタギは、熊が冬眠する場所を把握しておいて、醒めた直後に撃つのだという。

追い立てる役が音を立てながら熊に迫っていく。熊が逃げると、その方向に潜んでいた撃ち手が一発でしとめる。

外さないように、できるだけ熊を引きつけてから撃つ。「外したら終わりです」と工藤さん。工藤さんはずっと撃ち手をつとめていたということだ。

「熊送り」の儀式を終えた後、その場で解体される。背負子に獲物を入れて、山を下りる。そんなマタギのわざも、世界遺産の核心地域での一切の狩猟が禁止されるに至り、消滅の危機に瀕《ひん》している。

小屋の周囲を歩いた。沢から引いた水がふんだんにあふれている。マタギは、山の中でも水がどこにわいているか知っていて、そこに小屋を建てたり、野営したりする。

口に含む。工藤さんが「この水を飲めなければ、飲める水はありません」と断じた本物のナチュラル・ウォーター。やわらかく、冷たく、舌の上をころころ転がって、喉《のど》の奥へと落ちていった。

時は満ちた。いよいよ、白神の森に出発である。小屋から工藤さんの後を追って歩き出す。

「ほらそこ」と指した先の地面を見ると、銀嶺草《ぎんれいそう》があった。

「あれは菌類ではなくて、れっきとした植物なのです。しかし、植物であるにもかかわらず、葉緑素がありません」

工藤さんの目は、私よりもずっと早く動き、万物の「息づき」をとらえる。保護色の中に隠れていたヒキガエルも、工藤さんの目を逃れなかった。銀嶺草からカエルへと、新参者への森からの挨拶《あいさつ》が引き継がれる。

把握し切れぬほどのざわめきと躍動に包み込まれ、感覚が静かに、しかし深く目覚めていくのがわかった。眠っていた魂の芯がやさしくほぐれ始めた。工藤さんの足跡をひたすら追い続ける。

＊1
青秋林道

青森県西目屋村─秋田県八森町間を結ぶ予定だった林道。ブナ原生林の伐採が進むこと、水源へのダメージが大きいことなどから反対運動が発生、日本林政史上空前の異議意見書が集まり、森林施業方針を大転換させた。

＊2
マタギ

クマやカモシカなどの大型獣を狩る伝統的な技術を持った集団、またそのメンバーのこと。焼き畑農業や山菜・茸の採集、川魚漁、炭焼きなど、自然のサイクルに合わせて、四季折々の山の恵みを利用する技術に長けている。

＊3
工藤光治

白神山地の豊かな自然と、縄文時代以来ブナ林で育まれてきた文化を伝えるエコツアーなどを実施している白神マタギ舎の中心的存在。日本エコツーリズム協会のエコツアー大賞、優秀賞を受賞している。

白神山地Ⅱ 青森県西目屋村

私が森の一部になる

自然の中に分け入り、しばらく立っていると、見えなかったものが見えてくる。のっぺりとした緑の広がりだと感じられたものの中に、様々な様子の異なるものたちの存在が感じ分けられる。

世界遺産に指定された、白神《しらかみ》の深い森。マタギの工藤光治《くどうみつはる》さんと森を歩いているうちに、感覚が開かれていく。同時に、50年間山を歩いてきた工藤さんには見えているものを、私は時々刻々指の間から漏れる砂のように取りこぼしてしまっていることも痛いほどわかる。

10年ほど前、ブラジルのアマゾンに行った。中心都市マナウスから大河を船で下り、水上に浮かぶボートハウスに寝泊まりした。地元のアレクサンドルという男と、密林の中を歩いた。地上最大の森林の中の、豊かな生物相。ジャングルでは、同じ種類の木はお互いに離れた場所にあり、異なる樹種が密に共生している。昆虫も、同じこと。飛んでくる蝶が全て異なる種類だったのには驚いた。

あの時、私を包むものの多様性、複雑さが頂点に達した。目を凝らし、耳を澄まし、頭上のホエザルの咆哮《ほうこう》に身をすくめた。私は必死になって感性を働かせていたはずだが、それでも、ぶらぶらと歩くアレクサンドルの10分の1も見えていなかった。聞こえていなかった。何よりも、感じ取れていなかった。

白神のブナ林を歩いていて、アマゾンでの時間のことを思い出した。熱帯と温帯と気候は違うが、独自に発達した生態系の奥行きにおいて変わりはない。沢山のものが目に映り、光となり、影となり、通り過ぎていく。少しでも気を抜いていると、肝心なことを見落としてしまう。

たとえばオトシブミ。少し歩いている間に数匹いた。この首の長い愛らしい昆虫は、葉を切り、くるくると巻いて産卵し、地上に落とす。葉の揺りかごの中で幼虫が育つ。動作を見ていると、飽きない。この小さな生きものは、自分がその中にいる緑の壮大さを知っているのだろうか。あるいは、次世代につなぐその営為の意味を。

マタギ小屋から降りた場所に、沢があった。木陰に包まれた支流が目に心地よい。工藤さんは器用にタテナタ（マタギが使う刃物）を用いて木を倒し、小枝を払って橋をつくる。工藤さんは何にでもタテナタを使う。藪《やぶ》を開くのにも、キノコを収穫するのにも。その道具と一体となった姿がうらやましかった。

文明から遠く離れてあるのである。何となく勢いのついてしまっていた私は、靴のまま清流を渡ってしまった。切れるほど冷たい。工藤さんが呆《あき》れて笑っている。河原に上がり歩き始めると、スニーカーの中に水が入ったあのなじみ深い感覚があり、歩く度に不思議な音がする。水を渡る熊[*1]は、もっと自然に水から陸へと移行することだろう。しかし、そのようなこともさらに分け入るに従って気にならなくなった。

森の中で過ごす時間が長くなるにつれて、自分の中での無意識の部分が増大していく。経験していることが、果たして外で起こっていることなのか、自分の内で変化していることなのか、渾然《こんぜん》として一体となる。「自己」と「他者」の境界が判然としなくなってくる。いよいよ森が私の中に入り始めたのだ。そして、「私」の分身が森の中に拡散し始める。

そもそも、白神の森全体から比べれば、闖入者《ちんにゅうしゃ》たる私の占める意味など、微々たるものでしかない。様々なものに守られなければ存在し得ない、情けない「二足歩行の熊」。私が森の一部になり始めているとしても、それは当たり前のことであろう。むしろ、有り難いことでもある。

熊は、この気配の中で一生を終える。そう思うと、文明との優劣は簡単には決められない。

工藤さんが立ち止まった。足元を指さす。赤い野生のイチゴがある。

「熊の子どもはこのイチゴが大好きなんです。熊が子熊を親離れさせる時には、子熊がイチゴを夢中になって食べているうちに、どこかに行ってしまうんですよ。それでねえ、親離れしたばかりの子熊を撃ったりすると、なんだい、イチゴっぱなれかい、と仲間たちにからかわれるんですよ」

一つひとつの言葉は、言語という森の中で育《はぐく》まれる。都会には都会なりの「言語の森」が、白神には白神なりの「言語の森」がある。「イチゴっぱなれ」という言葉の響きに一瞬で魅せられた。すがりつく子熊を置き去りにする。それが大自然の残酷なる叡智《えいち》だとしても、工藤さんたちは何と愛らしい言葉でそれを表現するのだろう。

セミの声に包まれる。鳥の声が響く。何かに誘われるように、私たちは山の奥へと入っていく。

ブナの寿命は、せいぜい200年か300年だという。倒木がそこここにある。そのうちの一つに、見事なヒラタケの群生があった。美味。栽培品が、「シメジ」の名で売られている。

さっそく、工藤さんがタテナタを使い始める。要領よく採り、背負子《しょいこ》に入れる。

「私たちは、根元を残しておくから、後からまたキノコが生えてくるのです。全部採ってしまうと、もうそれでお終《しま》いです」

倒木は、いわば、ブナの「死体」。ブナという生命体が一つはかなくなることで、様々な生きものが「助かる」。ブナの倒木はキノコの培地となり、苔《こけ》が生え、カミキリムシの幼虫の巣となる。倒木の周囲にできた空き地に太陽の光が差し込み、新たに芽生えて大きくなっていく草や木がある。

「自ら生き、そして他者を生かせ」という言葉がある。白神の山地で私が見たのは、「自ら死に、そして他者を生かせ」という自然の摂理だったのかもしれない。生を全うして終えるということは哀しいことである。しかし、その死体は他の生きものにとっての「ご馳走《ちそう》」となる。一つの生命が地上の限られた時間を終えることで、沢山の他の生物が「助かる」。

白神の熊たちも、また、そのような循環の中にある。かつては、人間も同じようなサイクルの中にあったはずである。しかし、文明を築き上げる中で、人間はいつの間にか自然の食物連鎖から自分たちだけは切り離してしまった。

白神の森の主役はブナだが、孤立しているわけでも、君臨しているわけでもない。ところどころに、ツルに絡まれたブナがある。ツルは英語で「ストラングラー」（シメコロシノキ）と呼ばれるものもある。時にはブナは文字通り絞め殺されて枯れてしまう。

ツルの目的は、ブナを伝って一刻も早く太陽の当たる樹冠に至り、そこで自ら光合成を始めて繁茂することである。合理的ではあるが、はた迷惑な戦略。自分がブナだったら、ツルが突然自分に巻き付き始めたらどんな思いがするだろう。

森という豊かな生態系の中で、様々な生きものがせめぎ合う。それは決して「予定調和」というようなものではない。異種の生物の出会いは変形や、病気や、死や、侵食や、撤退や、共生や、融合や、様々な変貌《へんぼう》を意味する。

濃密な相互作用の中で、一つひとつの生命体の自己同一性は揺るがされる。一つのものが永遠にそのものであり続けることはできない。それが森の真実である。

古《いにしえ》からマタギたちの目印となってきた巨きな木[*2]のところまで行った。スケール感覚がおかしくなる。谷間を風が吹く。そろそろ戻る頃らしい。

帰り道、工藤さんがたびたび立ち止まる。その度に、何かうれしい発見がある。

「この木はね、タムシバと言って、別の名前をニオイコブシ。とても良い香りがして、リュックの中に入れておくと良いのです」

さっそく鼻に持っていく。一嗅《ひとか》ぎする。心が爽《さわ》やかになるような心地よい香り。嬉しくて踊りたくなり、手に持ち時々嗅ぎながら下る。

沢を渡ったところで、工藤さんがタテナタを手に本格的に仕事を始めた。ミズを刈る。またの名前をウワバミソウ。ウワバミがカエルを呑《の》んだあと、消化を良くするためにこの草を食べるという言い伝えがあるのだそうである。

小屋に着く。ビールで乾杯。工藤さんは、相変わらずの手腕でテキパキと飯を炊き、調理する。ヒラタケもウワバミソウも、滋味に富んだ味がした。育む山を見た後だから、なおさらのことである。

たき火を見つめながら、工藤さんに様々な話を伺う。

山で遭難した男たちが幽霊になって村に戻ってきたこと。マタギたちに代々伝わる巻物。リーダー格が、朝目覚めて、その日、猟をするかどうか決めて、それから飯を炊き始めること。山中で、水や薪《まき》には苦労しないこと。世界遺産に登録されて、核心地域[*3]への入山規制でかえってマタギ文化の維持が困難になったこと。

とても書ききれないくらい、沢山のことを聞いた。

山を下り、しばらく経《た》った頃、都会の道ばたでミミズの死骸《しがい》を見た。蟻が沢山たかっていた。一つの生物が死ぬと、他の生きもののご馳走になる。見える景色が、違っていた。

ブナの森の中で感じてしまったことが何なのか、未だに整理できないでいる。人間は自然を離れてしまった。もう後戻りはできない。だからこそ、文明に生きる私たちの中に辛うじて残っている何かが限りなく愛おしい。その何かを揺り動かすために、いつかまた森の中に分け入る。

＊1
熊
工藤さんたちは冬眠明けの熊だけを狩るため、猟期は4月20日ごろから5月の連休一杯くらいまで。冬眠明けの熊は貴重な熊の胆が肥大し、生え替わった毛皮の状態もよく、肉も柔らかい。猟期を限ることで乱獲も防げる。

＊2
巨きな木
山中深く、ひときわ高くそびえる桂の巨樹で、樹齢８００年以上と推定される。古来「鍋倉のケラ置き場」と通称されるのは（ケラとは蓑の意）、彼らがこの木の下で蓑を脱ぎ、休憩を取ったり、宿泊したりしたためか。

＊3
核心地域
世界遺産の登録地域は、核心地域（コアゾーン）と緩衝地域（バッファゾーン）に分かれ、核心地域は人為的影響を極力排して生態系を保護している。青森県側の核心地域は27の指定ルートと既存の歩道に限り入山可能。

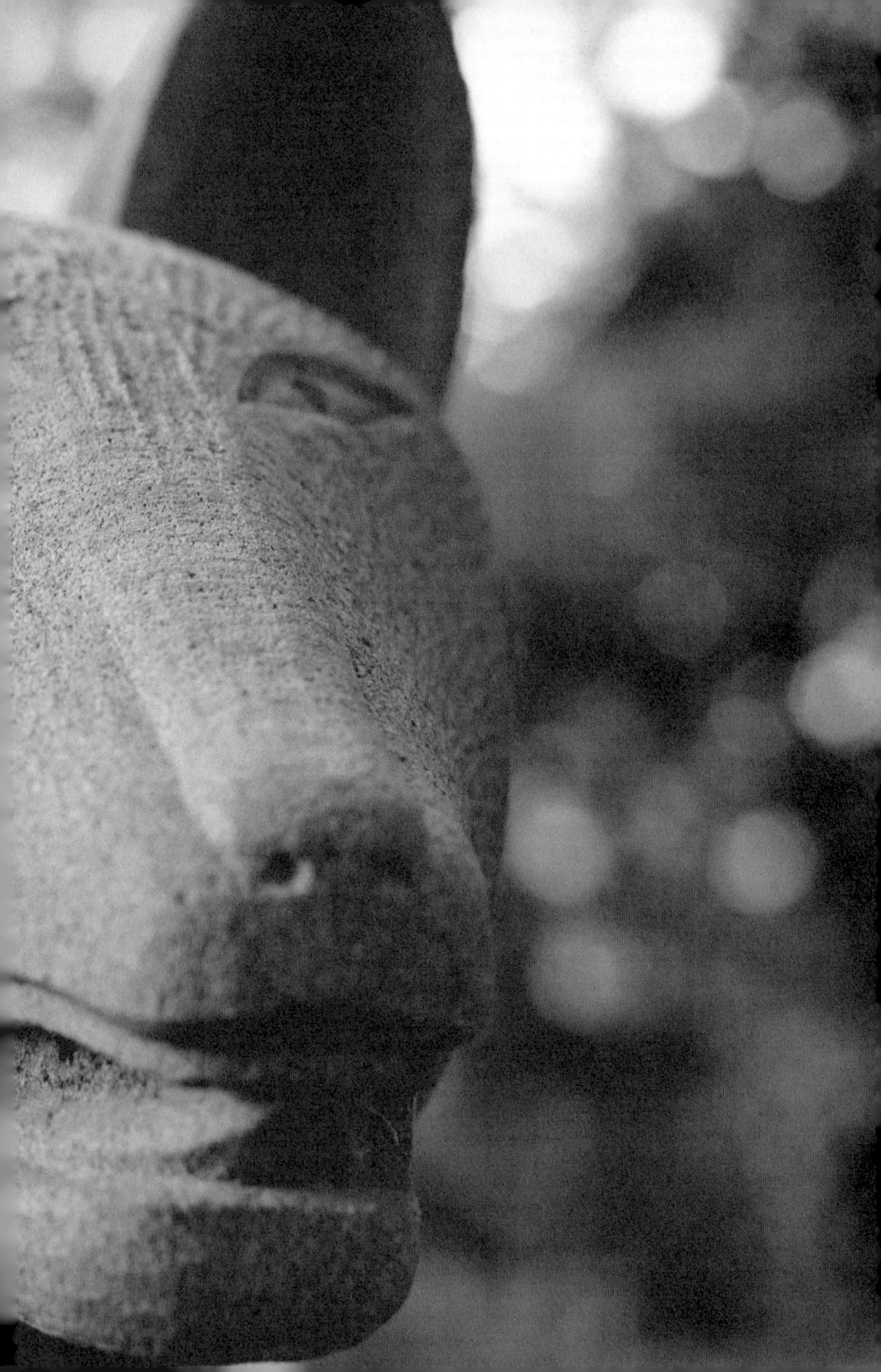

釧路湿原と知床半島　北海道釧路、羅臼

とてつもない広がりと奥行き

「日本のクオリア」というと、いかにもこぢんまりと、箱庭のように形づくられた小世界を思い描きがちである。

しかし、もちろん、実際には「日本」と言っても、様々な場所がある。「多様性」こそは、今世紀の世界において鍵となる概念の一つである。「日本のクオリア」も、同じこと。国土の広がりは、その中に容易には見渡すことのできない色々な風景を抱くに充分に広い。限定となるのは、私たちの想像力だけである。

北海道は自らのイマジネーションの限りを試すのに良い土地である。特に道東は優れている。釧路《くしろ》空港に降りて、車が走り出すとすぐに開かれ始める。日々のできごとに夢中になってそちらの方ばかり見ていた自分の背後に、それとは気づかずに広大な景観が微笑《ほほえ》んでいたことに啓《ひら》かされる。心は解《ほど》かれ、新たな「遊び」の回路に血が通い始める。

塘路《とうろ》湖からカヌーを漕《こ》ぎ出す。北の空の下の水面には、独特の清《すが》しい気配がある。かのグレン・グールドをして、人々の息づかいにあふれたコンサート・ホールに背を向け、隠遁《いんとん》生活をすることを決意させたのは、この清澄な空気の持つ一種の魔力かもしれない。

湖面には菱《ひし》の葉が浮かび、遠くをマガモが飛ぶ。その軌跡の延長上に、まだ見ぬ人生の回路を見始めた頃、船はアレキナイ川に入った。

釧路川に合流すると、いよいよ空は大きくなる。タンチョウの声がする。岸に色彩が跳ね、あっと思うと、エゾジカだった。こちらをじっと見つめるその姿は、博物館の模型のようである。目を凝らしたまま動かない。通り過ぎた後でも、自然の中にイコンが出現したかのように、残像が刻印されて揺るがない。杉本博司《すぎもとひろし》さんはジオラマを本物のように撮影する。芸術と自然の間には、密使《みっし》が行き交っている。

カヌーを漕ぐ。川の流れに身を任せる。航海は波乱や予定外の出来事に満ちている一方で、確実に一つのリズムを生命の潮の中に忍び込ませる。エルマンノ・オルミの映画『木靴の樹』[*1]の中で、カップルが新婚の旅に乗り込む巨《おお》きな黒い船。あの素敵な代物は、静かに、しかし大地そのもののように着実に若い二人を運んで行ったのだった。そして今、私も。

時間そのものの中に包まれても、容易に一体化などできない。どこまでも広がるかに見える釧路湿[*2]原の豊饒《ほうじょう》は、結局は溢《あふ》れて、逸出するしかない。陸からは近づけず、川から見るしかないという岸辺の風景を眺めながら、大自然はすなわち意識を映し出す鏡なのだということを悟る。

宝石のように輝く翼をきらめかせ、カワセミが行く。自らの注意が落ち着く場所を見いだし、ほっとする。私たちはつまり、何ものに向き合う場合においても、自らが手をかけ、探り、合わせることのできる「道具」を必要とするのだ。

初めて北海道に来たのは、小学校5年の時だった。蝶を採るのに一番良いのは6月であり、しかしその時には学校があるので、無理だと言われた。ある朝、不意に「これから北海道に行くぞ」と起こされた。父が担任の先生に密かに掛け合ってくれたらしい。

10日間、いろいろな場所を回った。網走《あばしり》の原生花園《げんせいかえん》で、可憐《かれん》なカバイロシジミを追いかけた。夢中になって転び、水筒を割った。振ると、がしゃがしゃと中でガラスの欠片《かけら》が舞う音がした。怒られると思ってしょげていると、「怪我をしなかったか」とだけ聞かれた。夕方の空気は少し冷たくなっていたが、何だか、水筒だけはほんのりと温かいような気がした。

あれからたくさんの水が橋の下を流れた。人生とは、その全容を把握できないままに進行していく一つの事態のことである。結局は、涙のように溢れるしかないもの。釧路の湿原をカヌーで行くと、神も御照覧《ごしょうらん》あれ、そんな人生の核心に思い至る。

部分は全体に影響を受け、全体は部分から構築される。川はやがてさらに多くの水を集めて海に至る。今、目の前にある流れが、大水塊《だいすいかい》へとつながっていること。遡上《そじょう》する鮭たちにとっては実際的な生活地であるはずの脈絡。縁なき文明人たる私の無意識もまた、つながりの持つ意味に感応していたのではないか。

知床《しれとこ》へと車を走らせる。風景が変わる。牧場が移り過ぎ、荒野がゆったりとその表情を和ませる。随分行き過ぎたようだけれども、結局は同じ水に再会した。

　考えてもみたまえ！　世界地図を見ればわかるように、地球の海は一つにつながっている。その海へと川たちは流れ込む。つまりは、この惑星の上で我々が向き合う全ての川や海は、たった一つの「地球水」でしかないのだ！　至るところ、何時《いつ》いつまでも。

　車を降りる。ドライスーツに着替える。シーカヤック[*3]をするのは初めてだったので、実は少し緊張していた。

　船の中に海水が入らないように、スプレースカートというものを履く。

「天地逆さまになったら、パニックになってしまって、引っ張ろうとしてもなかなかとれないものだから、上にぐっと持ち上げないと駄目ですよ」

　同行して下さる知床山海塾《しれとこさんかいじゅく》の佐々木泰幹《ささきやすみき》さんが言う。実際には、「沈《ちん》」することは滅多にないらしい。それでも、人間には想像力という余計なものがある。頭の中で、一通り、二通り、三通りと思い描いてみた。

　やってみるしかない。海に漕ぎ出すと、予想していたよりもカヤックが揺れた。一人乗りは、ある程度荷物を載せないと安定しないものだという。船体の中で、両足でラダーを操作し、なんとか左右に方向を変える。

不思議なもので、波に揺られながら懸命に漕いでいるうちに次第に腰が落ち着いて、海との一体感に心を奪われるようになってきた。パドルを左右に入れて、ぱしゃぱしゃと水音がする。それこそが、自分の呼吸なのだと思えてきた頃、私たちはいったん上陸した。

佐々木さんが慣れた手つきで流木を集める。ラーメンの香りが漂ってくる。夢中になって空にした。

カヤックというのは靴のようなものだと佐々木さんは言う。現代のカヤックはハイテクの樹脂で出来ているが、昔の人は木で作っていた。これで、海峡を行き来していたのだという。

なるほど、自分の肉体と、海との間に何とも言えない近しさがある。手を伸ばせばそこに届くかのように、国後《くなしり》や択捉《えとろふ》が見える。

「40キロですから、すぐに行けますよ」と佐々木さんが言った。

人間は恣《ほしいまま》に線を引きたがるが、「地球水」に本来区分などない。

地層が美しい崖《がけ》のすぐそばの海を行く。目を奪われ、心の中に色が溢れる。

「あそこにオジロワシが巣を作ります」

見上げた空に鳥の影はなかった。

さらに漕ぎ進めた頃、巣の主たちが空を舞って帰ってくるのが見えた。このあたりはアイヌの人たちにとっては大切な意味を持っていた場所らしい。どうも、私たちは本寸法ではない。文明の足腰はいかにもひ弱である。自然の偶有性に翻弄《ほんろう》される時、初めて魂の芯がむき出しにされて試される。

波が立ち、海流が変わり、風が吹く。その中でカヤックを操っていると、普段自分たちが立つ大地が、生命そのものの故郷から本来遠い場所であることが自覚される。上陸したはるか昔、私たちの祖先がいったん置き去りにしてきたものが次第に見えてくる。

現代人にとってはもはや「異界」となった領域と自由に行き来する。そんなことがもしかつて、そして今も原理的に可能だったのだとすれば、生命というスペクトラムの「全ての幅」を慈しむ衝動は、私たちの心の古層の中になお潜んでいるに違いない。

近代の合理主義は「神」を「殺した」ことになっている。しかし、本当は「神」など至るところにいる。空を舞うオジロワシは「神」である。風に揺れる崖上の樹は「神」である。どこまでも続く大水塊は「神」である。「神」は、万有に包まれた「私」の心の揺らめきの中にある。「神」は、溢れて過ぎていってしまう「今、ここ」の気配の中にある。

その気になって、どこまでも深く追い求めていけば、とてつもない広がりと奥行きのあるもの。それらのものへの探究を「寸止め」にして、割り切り、数え上げ、並べることで人間は文明を築き上げた。その恩恵と呪《のろ》いの中に、私はいる。

カヤックを降りたのは、知床の海が川と出会う場所だった。鮭がいた。産卵のための婚姻色も鮮やかに、一連なりの水塊の中を遡《さかのぼ》って行こうとする懸命なものたち。

堰《せ》き止める柵《さく》の前でなおも泳ぐその姿に、私はいつの間にか自分を重ねていた。それでも前に進む衝動だけが、信じるに値する。

＊1
木靴の樹
1978年、監督：エルマンノ・オルミ、出演：ルイジ・オルナーギほか。カンヌ国際映画祭グランプリ受賞。19世紀から20世紀へ移り変わる時代、封建社会の犠牲者だった農民の生活を少年の目を通して描く。

＊2
釧路湿原
1967年に天然記念物、80年にラムサール条約登録地、87年に湿原周辺を含む約26,861ヘクタールが国立公園に指定。現在では湿原の開発を厳しく制限、国土交通省や環境省が中心となり、自然再生事業を行っている。

＊3
シーカヤック
カヌーやカヤックの歴史は古く、6000年以上前まで遡るとも言われる。現在のような形になったのは19世紀頃で、シーカヤックは広い場所で漕ぐために直進性が強く、方向を変えるためのラダー（舵）がついている。

西表島Ⅰ　沖縄県八重山郡

この世で一番美しいもの

この世で一番美しいものは、人の心の中にある。だとすれば、人は、なぜ目を開いて周囲を眺め回すのか。あえて旅をしようとするのか。

喜びや哀しみを含めた感情の荒波の中で、移動はすでに始まっている。「わたくしといふ現象は仮定された有機交流電燈のひとつの青い照明」（宮沢賢治『春と修羅』）に過ぎないとするならば、世界はどうしてこんなにも広大でなければならないのだろう。

「人工的なものは閉ざされた空間を必要とするが、自然にとっては、大宇宙でさえも十分に大きくはない」（ゲーテ『ファウスト』）。心のうちに見えてくるのは、私たちが未だその本質を十分に理解していない、もう一つの星空への入り口である。本当は私たち自身が一つの自然なのだ。

熱帯の何が青年期の私をあれほど惹《ひ》き付けたのか、今となっては判然としない。高校の頃から、命の気配が濃い密林の様子を思っては、胸を躍らせていた。木漏《こも》れ日がちらちらと踊る緑色の空を生きものたちが行き交う。空気が不思議な気配に満ちてやがてどこかに溶け入りそうになるが、ようやくのことで踏みとどまる。生命が本来多様であることを、感謝の念とともに振り返りたくなる光景。そんなイメージを目に浮かべてはうっとりとしていた。

夕暮れになると、熱帯の太陽は垂直に落ちる。闇が全てのものを包む。未だ見ぬものへの予感に満たされて、世界はゆっくりと爛熟《らんじゅく》する。昼間とは別の存在たちが、活動を始める。

地球上の二分の一は、常に暗がりの中にあるはずである。その「半闇」の中に熱帯の密林がやさしく息づいている様子は、この上なく美しい地上の奇跡である。しっとりと包まれて、微睡《まどろ》む。甘い意識の変容を、青年期の私は形而上《けいじじょう》のプラトン的世界に属する精神運動として体験していたのかもしれない。

時が流れた。バリ島の熱い空気に包まれ、レゴン・ダンスのリズムに身を任せた日。アマゾン川を下って、ワニの眼光に出会った晩。ボルネオの密林で、テングザルが木から木へと跳躍するのを見た夕暮れ。内なる闇は、次第に外なる宇宙へと接続していったが、心の中には熱いものが溶けないままにあった。

全体の90%が亜熱帯の密林で覆われる西表島《いりおもてじま》。かの地への船が発着する石垣島《いしがきじま》には幾度となく出かけた。景観にすぐれた川平湾《かびらわん》のある北部を目指し、車で島を一周したこともある。竹富島《たけとみじま》では研究者仲間と合宿をしたり、蝶が舞い飛ぶ中、海岸に向かって自転車を漕《こ》いだ。波照間島《はてるまじま》で石垣の間を歩いたこともある。ところが、西表島そのものに出かける機会は、なかなか訪れなかった。

空港からタクシーに乗る。石垣港に着き、佇《たたず》んでいると、山下秀之《やましたひでゆき》さんが現れた。日焼けした顔が笑っている。自然の中で時を重ね、信頼するに足る精神と肉体をもった人は、なぜひと目見てそれとわかるのだろう。

ついに、西表島へ向かう船に乗る。意識に上る明々とした世界にかろうじてかかるあわいの中にあった場所に、この身体が近づいていく。となりに山下さんが座ったので、いろいろと話をうかがった。手つかずの亜熱帯の自然に人間はいかに入り込んでいくか。そこには、高度な知性と感性の洗練が求められる。大いなる自然は人間の愚行をやさしく受け止めてくれるようでいて、実はこの上なく繊細な振る舞いを必要とする。密林を行く私たちは、眠っている赤ん坊を起こさないように静かに歩く人のように、耳を研ぎ澄まし、柔らかく足を踏み出している。

そのような機微を知る人から、憂いの言葉を聞いた。島にできた大きなリゾートが、住む人たちの間にさざ波を立てているという。耳を傾けるうちに、慣れ親しんだ竹富の島影が通り過ぎていく。つというとうとしてはっと気づいた時に目に入った姿は、すでに西表島大原港《おおはらこう》のそれであった。食堂で八《や》重山《えやま》そばをすする。窓から見ると、板塀に菜の花が美しく映えていた。

南風見田《はえみだ》の浜へと向かう。車を停《と》めたその場所で、気配に聞き入るように、山下さんが空を見上げる。曇ってはいるが、泣き出しそうではない。山下さんの背後の森から、ざわざわふわふわと吐息が伝わってくる。

　西表島の気配はあまりにも濃いので、敏感な人の中には島に上陸して気分が悪くなる人もいるんですよ、たとえばほら、あのカメラマンが……。そんな会話を聞きながら、私は、流動を受け止めようと、全身の感覚を開いていった。

　文明の中のものたちは、止まってしまっている。設置するにせよ、除去するにせよ、人間の側から働きかけなければ、自ら動き出すことはない。

　一方、自然とは、交錯する奔流《ほんりゅう》のことである。その渦の中で、私たち一人ひとりは小さな粒に過ぎない。そのような認識は私たちを謙虚にさせると同時に、大いなる潮の中へと誘い、慰撫《いぶ》もする。

　潮流の中で泳ぐ時間に比例して、私たちの精神の筋肉は発達していく。だから、目一杯流れを感じ、泳いでいこうと、研ぎ澄まし、待ちかまえるのだ。

　海岸に出た。マルオミナエシの貝殻を砂浜に見つける。山を積み重ねたようなそのゆかしき模様。一つとして同じものはない。飽かず眺める。小さきものとしてこの海に出現し、硬い殻に包まれた軟体動物としての生を全うして、やがてぐにゃりと身を投げ出す。今こうしてその残骸が波に打ち上げられたお前よ。私たち人間の生もまた、有機交流電燈としての成り立ちが少しばかり違うばかりで本質的には同じではないか。

「このあたりの岩は面白い模様をしているでしょう」

　山下さんが立つその足下の断面を見つめる。「小さな石が入って、波でくるくると回ってポットホールができるのです」。自然の形は、千変万化。文明の水準から言えば、何もない。しかし、実はそこに全てがある。

「そろそろ行きましょう」。山下さんが促した。

マングローブ[*1]が生える干潟を歩く。前方の粒々のようなものが、近づくとじわじわと砂の中に溶け込んでいく。ミナミコメツキガニ。生きものの死骸《しがい》が変化して出来上がった有機物とそこに発生する微生物の塊である「デトリタス」を砂泥の中から取り出して食べる。

群れたカニたちがぶくぶくと砂の中に消えていく様子は、軽やかな悪夢のようでもある。内なる精神現象と外なる物理現象が溶け合い始める。

繰り返し問いかける。この世で一番美しいものも、恐ろしいものも、人の心の中にある。それならば、なぜ目を開いて周囲を眺め回すのか。あえて旅をするのか。

夕暮れが近づく頃、山下さんが宿に迎えに来た。ヤエヤマボタル[*2]を見に行くのである。初めてその光景に接した男が両眼から大粒の涙を流したと聞く。それは一体どのようなものなのか。薄暮をまとったままに山へと上っていく。

路肩に車を停め、道があるようでない森の中に踏み入る。

「ヤエヤマボタルは、日本最小のホタルで、日没後の30分間ほど、チカチカと点滅しながら飛ぶのです」。「あっ、ほら、飛んでいる！」声のする方を見ると、暗がりを「点線」がすっと流れた。

案外奥の方まで見えていた枝振りが、けものみちをかき分けるうちに次第に闇に沈んでいく。同時に、短い間隔で点滅する光が、そこかしこに現れ始めた。

「このあたりでいいでしょう」。山下さんが決めた場所で、じっと研ぎ澄ます。

光は、もはや止めることのできぬ「なだれ」となって、そこかしこで瞬いていた。成虫となったヤエヤマボタルは、ほとんど何も食べないと聞く。一週間ほどの短い生を、オスとメスが出会うために捧《ささ》げる。衝動が迸《ほとばし》る。

やがて現れたのは、星闇であった。現実の宇宙よりも私たちの命に近く、その吐息は触れることができそうで、清涼で、打ち震えるように繊細なもの。

同時に数十も、あるいは百も見えていただろうか。ヤエヤマボタルの点滅に包まれて、子どもの頃から何度となく見た夢を思い出した。

夜空一杯に、白いものが流れている。その中を巨大な光の蒸気機関車が行く。何の音も聞こえない。ただ、うわあと圧倒されて出す私の魂の叫びだけが聞こえてくる。遠く過ぎ去った大切なことを思い出し、ああ、そうか、その記憶にたどりつくために、ここ西表までやってきたのかと着地した。

光は、本当に外側からやってきたのか。きっかけがあったことは疑いない。青年期に夢見た熱帯は、いつも精神の中にある。だからこそ、その運動に身を託す時に、本当の意味で自由に、そしてのびやかになることができる。

夜明けを迎えて東の空が明らむにつれて次第に星が消えていくように、ヤエヤマボタルの光はやがて数を減じて、私たちはごく自然な心の動きのうちに森を去るべき時が来たことを悟った。

転ばないように気をつけて慎重に漆黒を下る。暗闇が心なしかつややかさを増して私という現象を包んだ。やがて強烈な光が差し、かけがえのないものたちはかすかに潜行するようだった。

＊1
マングローブ
熱帯から亜熱帯にかけての汽水域の塩性湿地に成立する森林のこと。ヒルギ科、クマツヅラ科、ハマザクロ科に属する植物で構成され、周辺で多様な生物活動が見られる。日本では沖縄県と鹿児島県に自然分布している。

＊2
ヤエヤマボタル
体長約5ミリという国内では最小、陸棲のホタルで、西表島と石垣島にだけ生息する。日没後のわずかの時間、メスを求めて発光を繰り返すオスたちの幻想的な飛翔が観察できる期間は短く、3月中旬から5月末頃まで。

植物の生命哲学

西表島《いりおもてじま》の朝は、激しい雨とともに明けた。部屋の中でその音を聴く私の心の中には、落胆の底になぜかかすかな安堵《あんど》の思いが混ざっていた。その意識の流れを、今こうして記憶をたどってみても不可思議に思う。

今回の私たちにとっては、どんな天候でも旅程の中止ということはあり得なかった。それでも、雨音が休息へと変換されるのは、太古以来雨天がその日の活動の取りやめを意味していたからだろう。日本のクオリアを探し求める旅の中、白神山地《しらかみさんち》に赴いた時にマタギの工藤光治《くどうみつはる》さんに聞いた話。マタギたちは、山にいる間はそれはそれは一生懸命に働く。しかし、天幕の下で朝、雨の音を耳にすると、その日はもう活動をやめて、ゆったりとした気持ちで遊んで過ごすのだという。

今日はもうダメかもしれない。マタギではない私も目を閉じる。いつしか、前の晩に山中で見たヤエヤマボタルの光が、ありありと浮かんでくる。暗闇のそこかしこに今にもはかなくなりそうな気配を見せて点滅していた輝きの数々。他の何ものにも喩《たと》えようもない贅沢《ぜいたく》な時間を過ごしたという確信だけが、舐《な》めるとかすかに甘い底流のように心を貫く。

ある時期から、都市生活者にとっての「ラグジュアリー」の定義は、明らかに変わって来たのではないか。それは、東京に次々と進出している外資系のホテルの設《しつら》いにも感じられる。室内の装飾。家具などの選択と配置。調光や、影の気配りやその他もろもろのことが、魂が大いなる自然に包まれてあるかのように設計されているのだ。

それは、竹林や流水、苔玉のようなすぐにそれとわかる空間造形の中にあるのではなく、人為的な細部の作り込みの結果として、一種の「総合芸術」として立ち現れる。かつては、自然とは一線を画したぴかぴかの未来を造形することが文明の証《あかし》であった。ラグジュアリーの文法は、今また、自然に回帰しようとしている。目指すのは、生命の横溢《おういつ》と、安らぎ。それでいて、どこか肝心なところで、自然そのものとは異なる場所へと旋回しつつある。

心地よさの中に、私たち都市の住民は、森の中で命を燃やすヤエヤマボタルたちの光からますます遠くへと流されつつある。自然そのものを、どうしたら見いだすことができるのか。ぼんやりとしていたら、どうやら雨足が弱まってきた。

朝食を済ませた頃、高野太介《たかのたいすけ》さんが迎えに来て下さる。「僕は、実は北海道出身なのですよ」と高野さん。「寒い中で育って来たから。子どもの頃から熱帯の自然にあこがれがあって。それで、西表島に来てしまいました」。引き締まった身体とほどよい色に焼けた皮膚は、今では立派な島人《しまんちゅ》である。

高野さんが車を停めた。「ここから、今日のコースを見て、そしてオリエンテーションをしますね」。船浦《ふなうら》湾に流れ込むヒナイ川の河口にかかる橋。水から林立する、マングローブを眺める。あの森の中を歩くカニたちは、今朝の激しい雨をどのようにやり過ごしたのだろう。私たちは、南の島にさえ持ち込んだ文明の文法に守られている。しかし、ここからは上手に、さまざまなものを脱ぎ捨てていかねばならぬ。

やや上流に遡《さかのぼ》ったところが、カヤックの出発地点であった。服を着替える。パドルの持ち方を教わる。知床《しれとこ》で漕《こ》いだことこそあるが、ほぼ初心者に近い。二つのパドルの角度の間に差異があることに改めて気付いた。入水角と空気抵抗のことを考えて付けられた「フェザー角」[*1]。理屈で考えているうちはダメで、身体が覚え、なじまなければならぬ。

泥が広がる横をしばらく歩いて、カヤックがたくさん置かれた場所に来た。ここから先に、西表島の手つかずの自然が待っている。

船で川の水面の上に漕ぎ出す瞬間は、沸き立つようなファンタジーに満ちている。とても、平静ではいられない。足元がふわふわとする。それでいて、自分と地球の間にあったはずの揺るぎがたい重力の絆《きずな》が、ほんの少しだけ緩み、拡散していく。

周囲の景色が流れていく。マングローブの葉々が、水面ギリギリまで降りてくる。そして、私たち闖入者《ちんにゅうしゃ》たちは、無意識のうちに何とはなしの居心地の悪さを感じるものの、やがて自然の大らかさの中に包まれて、神経がのびやかになっていくのだ。

「ほら、あれが、幻の花、セイシカです」*2

高野さんが指さす方に、ツツジのような形をした花々が見えた。空気そのものから析出《せきしゅつ》したかのような色からは、繊細で可憐《かれん》な粒子が照り光る。

「セイシカ」という音を、頭の中で「聖紫花」という文字に変換するのに、しばらくかかる。聖なる紫の花。その美しさは、人生においてやがて来る素晴らしきものたちへのプレリュードでもあったのだろう。

カヤックを接岸して舫《もや》う。そこからピナイサーラの滝へと至る山道の風情を私は忘れることができない。

何がその作用をもたらしたのであろうか。琉球列島最大の落差（55m）を誇る滝から風に乗って流れる微細な水滴。降り注ぐ太陽。あるいは、長年にわたる生命作用によって、豊かな滋養を蓄えた土。これらの全てが相まって、この地上のものではない天空へと昇華するその直前にあるような、曰《いわ》く言い難い気配が周囲の空気を満たしていた。

主役となっていたのは、植物たちである。岩の間を抜けていくときに視野を流れる、緑の大群。サキシマスオウノキの板根《ばんこん》。大樹の幹に咲き風に揺れる着生《ちゃくせい》植物の花。空をジグザグに走る枝。木の根が岩をしっかりと抱きしめる。まるで、そのようにして無機物を生命の側へと呼び戻すかのように。シダの葉がバネのように一気に展開され、大気の中にジャズの即興のリズムを注ぎ込む。

生命はそこかしこに遍在し、あふれ、沁《し》み渡る。そんな様子を見ながら石や岩や根の間の細い道を登っていくうちに、意識はどうやら陶然としてきた。

植物たちは、決して止まっているわけではない。「タイム・ラプス」と呼ばれる手法を用いて「早回し」をすれば、茎はうねり、葉は一気に開き、花を散らして実はぷくりと膨らむ。植物たちは、「化学戦争」にさえ従事している。食べられないようにアルカロイドで身を守り、他の植物が生育しないように周囲に高分子をまき散らす。ツタ植物は樹木を伝わって一気に光の当たる梢を目指し、やがて寄主《きしゅ》を絞め殺して空気そのものの中にぶらりと垂れる。

生命の潮流。万物を巻き込むその渦の中で、植物たちは動物たちよりも潔い。一度根付けば、どっかりとそこから動かない。雨が降ろうと、日が照ろうと、風が吹き付けようと、全てを受け入れ、堪え忍び、機会が来れば一気に伸びて、繁茂し、空間を征服しようとする。

どのような運命も受容することが叡智《えいち》というものの究極のかたちだとすれば、植物たちは動物たちよりもよほど成熟している。一匹の動物たる私は、植物の生命哲学に包まれ、抱かれ、そして帰依《きえ》する。

植物たちにとっては、雨も太陽も風も雲も、全て所与の要素である。受け入れるか否かの二者択一ではない。どんなものも、甘んじて引き受けるしかない。引きちぎられても、流されても、枯死しても、全てを自分の運命とする。そのような凄絶《せいぜつ》で静かなドラマに包まれてあってこそ、忘れがたく刻印される。

座禅をする僧は、植物へと回帰しようとしている。何を言い、何をしでかすかわからない動物たちは度《ど》し難く、みっともない。しかしながら、震える私たちの魂の中には、どっしりと動かないものが必ずある。

滝に近づくにつれて、次第に音は増してきた。やがて、全貌《ぜんぼう》が姿を現した。転がる巨石が、水の猛威を表して余りある。万物流転《ばんぶつるてん》。刻々と変わる落水のかたちは、ある時は絹布のように、またある時は舌のように、ふわりと、そしてちろちろと、舞い踊り、やがて岩に接吻《せっぷん》する。

高野さんが温かい昼食をつくってくれた。疲れた身体にありがたい。滝下にしばらく佇《たたず》み、今度は別の道から滝上に至る。空気はすっかり乾いていて、先ほどの生命に満ちた霧はすでにどこかに晴れてしまった。すでに鮮明さが薄れ行く追憶の中で、滝下に至る山道を回想する。

植物の生命哲学が、意識に近しいのは偶然ではない。脳の中の神経細胞の数は、私たちの住む銀河系の中の恒星の数とほぼ同程度。星々がその位置を変えないように、神経細胞もまた絡まり合ったまま静止している。私の魂の中核は、植物原理によって貫かれてある。

再びカヤックを漕ぎ出し、マングローブへと至る浅瀬に着けた。塩をため込んで黄色くなって落ちていく葉の周りに、大きな巻き貝が聚合《しゅうごう》していた。その光景はなぜか、世界の終わりを思い起こさせた。

目を閉じて想う。やがて満天を覆い始める星々が、森の中で見たヤエヤマボタルの点滅と響き合うのだろう。その時、私の心の星空はどんな光景を見せてくれるのだろうか。

時は経ち、私は東京に帰ってきた。しかしながら、もう一人の私は、ずっとマングローブの森の中で泥に足を踏ん張って空を見上げているような気がする。植物の生命哲学が真実ならば、そうであるに違いない。

＊1
フェザー角
ダブルパドルにおける左右のブレード面の相対角度。片方のブレードが水の中に入っているときに、もう片方のブレードは空中を動いている。このとき空中にあるブレードの空気抵抗を減らすため、一定の角度がついている。

＊2
セイシカ
漢字では聖紫花。西表島でもっとも有名な薄いピンク色の花であり、石垣島、西表島、台湾などに分布する。ツツジの仲間で、山地のやや湿った場所、河川や渓流の近くに多く見られる。花期は3～4月。絶滅危惧種。

第二章　信仰のクオリア

伊勢神宮　三重県伊勢市

近代を超えるもの

伊勢神宮との出会いは、前回の遷宮《せんぐう》*1の時だった。名古屋で学会があった機会に、ついでだからと、伊勢に向かう電車に乗った。取り立てて期待していたわけではない。ただ、日本一有名な神社を一度くらい見ておこうと思っただけだった。

一目で打ちのめされた。今まで私が見てきた神社は、何だったのだろう、知らないということは、恐ろしいことだと震撼《しんかん》した。

同じ学会に参加していた親しい友人に、「絶対に行った方がいい」と薦めた。凡《およ》そ文化的なことには警戒心を示す男だが、素直に行ってくれた。神職の方に訝《いぶか》しがられながら一時間も佇《たたず》んだと言う。古殿と新殿を立体視の要領で融合させて、「本当に同じだ」と確かめたというのはいかにも彼らしいエピソードである。

初見以来、私の脳裏を離れない問いは、なぜ、伊勢の神宮での体験は、容易に伝わらないのかということである。その場所に行くと、他とは比較できないユニークなクオリアが間違いなく感じられるのに、それを言葉に直すことができない。伝える例を寡聞にして知らない。「何ごとのおわしますかは知らねどもかたじけなさに涙こぼるる」と詠んだ西行法師《さいぎょうほうし》の心情に共鳴するしかない。

いつも美への旅に誘ってくれる「メフィストフェレス」橋本麻里さんと、名古屋で待ち合わせた。伊勢への列車の中では、特別なことは話さなかった。とりあえずそこに行って、包まれるしかないと経験上知っている。そういう間合いを心得ている同行者は有り難い。

宇治橋のところで、神宮司庁《しちょう》の河合真如《かわいしんにょ》さんが出迎えてくださった。五十鈴《いすず》川の清き水を渡るにつれて、私にとっての特別な体験が、河合さんにとっては日常であるということが、不思議に思えてくる。神宮は、それこそ日参しなければ、その秘密を解き明かしてはくれないのかもしれない。内宮《ないくう》を囲む森の深さや、山の瑞々しさに触れるにつけても、私が普段いる機能に割り切った都会とは凡そかけ離れている。そんなことを思い、河合さんにいろいろ伺いながら、正殿前の階段下に至る。

「御贄調舎《みにえちょうしゃ》でお供えを調理する時、豊受大神《とようけのおおかみ》の宿る神石に背を向けるのは何故だかわかりますか?」

と河合さん。

「自分が神さまの御身体の代わりになって、執り行うからですよ」

なるほど、と思い、その勢いで一つの疑問が氷解した。

この上ない信仰の場であるから当然であるとは言いながら、[*2]御垣内《みかきうち》は外から見てもこの上ない美しさで整え清められている。その所作を行うのが、小林秀雄の言葉を借りれば「何を考えているのやら、何を言い出すのやら、仕出かすのやら」わからない人間であることに、何とはなしの引っかかりを覚えていた。完璧で天上的に見えるものが、地上の頼りなくて柔らかなものに支えられている。そんな事態が私を不安にさせていたのかもしれない。

初めて参拝した時、正殿の上の鰹木《かつおぎ》を拝見して、「金色のポッキーのようだ」と下らぬことを考えつつ、この地上に新しい元素が誕生する瞬間を目撃しているようなまさに神々しい風情に、言葉を失った。天から降臨する。そのような超常を感じさせる場所は確かに存在する。それが我々人間の頼りない手足によって調えられているというパラドックスの底にあるものを、河合さんの言葉に悟らされた。

初参拝以来私は伊勢の神宮という設《しつら》いの崇拝者になった。その後何度か訪れたが、御垣を越えたことはなかった。

今回、河合さんに導かれて初めて御垣内で参拝することになった。

いよいよである。頭を垂れ、御塩《みしお》で清めていただき、黒光りする清石を踏みしめた時、電撃が走った。

それからの時間の流れを、ありありと思い出すことができる。目に映るもの、触れるもの、耳にするもの全てを感覚でとらえ、記憶しておこうと研ぎ澄ましたが、あふれていくことが鮮明に判り、その奔流のもったいなさにかえって心を動かされた。

仕事柄、様々な現代美術の作品に接してきた。空間的に様々なものを配置する「インスタレーション」や、場所の固有性に根ざした「サイト・スペシフィック」といったものも実見してきた。

御垣内で経験したことが、そのようなもの全てを凌駕《りょうが》するものであることは、直ちに明らかなことだった。私という楽器が、共鳴して、今までにない音を立てたのである。しかも、単に美であるというだけでなく、信仰と結びついている。こうして、「近代」は破れるべくして崩壊していく。

御垣内から退出し、隣接する古殿地《こでんち》*3へと抜けた。「こんなに美しい光景はありませんね」とつぶやくメフィスト橋本は、ここのところ室町や桃山を追っている。こと美に関する限り、現代人はよほど覚悟しなければ古《いにしえ》に対抗できない。ましてや神への思いにおいてをやである。

赤福をいただいて談笑し、彼方を見ているような河合さんの表情を最後に瞼《まぶた》に収め、内宮を後にした。別宮《べつぐう》の一つ、瀧原宮《たきはらのみや》を訪れて渾々《こんこん》とわき出る泉を望見していた時、全ては自然の営みの中にあったのだと思い至った。

記号や言葉はともすれば切り離されて流通するが、本来万物は流転の中にある。伊勢の神宮を支える人間とそれを包む自然の営みが、千三百年続く遷宮という制度に結実している。

伊勢のクオリアは、支える無数の自然と人の営みの流転の中にある。さすれば、聖地に実際に出かけ、自分の心という内なる自然を開き、鳴らしてみなければそれを感じられないのも、当然のことだろう。

近代を超えるものなど沢山あるが、本当に感じること、向き合うことでしか出会えないものがあることだけは確信している。だからこそ、神宮を拝しに旅立たなければなるまい。

＊1
遷宮
神社の本殿を造営・修理する際や本殿を新たに建て、神座を遷すこと。伊勢神宮では20年ごとに内宮外宮の正殿、14の別宮の社殿、装束、神宝のすべてを新調して神座を遷す。第62回の遷宮は平成25年に行われる。

＊2
御垣内
正殿を中心とした最も神聖な神域を指す。正殿の周りには四重の垣がめぐらされている。この内側の、外玉垣南御門内から参拝するのが御垣内参拝。社務所で式年遷宮の造営資金を奉納の上、正装かそれに準じる服装で臨む。

＊3
古殿地
正殿の敷地横に設けられた玉砂利敷きの空きスペース。前回の遷宮まで社殿があった場所で、次回の遷宮ではこの古殿地に新たに社殿が建てられ、正殿敷地は20年ごとに入れ替わる。心の御柱が建つ所のみ小さな社がある。

三輪山登拝　奈良県桜井市

うまく思い出すこと

疑問を抱くことは人間の生命の本能である。解けた時には大いなる喜びが感じられる。しかしながら、問題に対する答を得ることで、私たちの精神は開明すると同時に、弛緩《しかん》し後退もする。

林檎《りんご》の落下を見て万有引力を発見するその瞬間に、あるいは後の世の人がそのことについて学ぶその推移の中だけに、生命の躍動〈エラン・ヴィタール〉の本来はある。巨人の肩に乗って遠くを見る私たちは、自分の生命のありさまを巨人の身体そのものと決して引き換えにしてはならないのだ。

人類の文明の発達史において、何かを獲得することは、同時に喪失することをも意味した。感性を開くために、私たちは時に「タイムトラベル」をしなければならない。

うまく思い出すことが大切である。現代からは失われてしまったものに立ち返ることで、新しい回路が開かれる。現代の時代精神から離れ、古《いにしえ》を上手によみがえらせてこそ初めて闊達《かったつ》となる私たちの精神の芯がある。

古の人たちは、さぞや不思議だったことだろう。なぜ、この世はあるのか。「あの世」はいつしかこの手に届くのか。目の前のさまざまは、どうして、今あるような姿を得ているのか。

近代科学は、物質がいくつかの元素から成り立っているということを解明した。それらの元素が、どのように進化してきたかということをも明らかにした。宇宙の開闢《かいびゃく》以来、物質というものがどんな風に変化してきたか、歴史のシナリオが描かれた。

その結果、私たちは油断した。さまざまなものが「今、ここ」にあることに対して、存在の説明が与えられていると勘違いした。「君、そんなことは不思議でも何でもないんだよ」としたり顔で言い合う。そんな「知識を得たもの」のふるまいは、進歩であると同時に退却でもあった。

机があること。窓から空が見えること。自らの手を見つめること。日々の存在の様相から「奇跡」の気配は失われた。そして、信仰するという自然な心の配剤を、私たちは見失ってしまった。

三輪山《みわやま》に登る朝。

宿泊したホテルから街に出る。*1「開化天皇陵《かいかてんのうりょう》」の森を見る。以前、奈良を訪れた時に、散歩をしていて偶然発見した。コンパクトな「トトロの森」を思わせる風情に、ひと目見て惹《ひ》き付けられた。

森の木は、そこに静かに息づいているだけで何ものかを伝える。柵《さく》を隔ててこちら側で私たちが築き上げた現代の文明の浅薄《せんぱく》さが照射される。私たちは、いかに多くのことを忘れてしまったことであろう。

三輪山は、古来、信仰の地であった。山自体が御神体であり、容易には足を踏み入れることのできない聖域であった。麓《ふもと》の神社で入山の許可を得ることができる。山中では撮影、飲食は禁止である。「山に登る」ということを、私たちは精神の鍛錬のメタファとして今日でも用いる。いよいよ、柵の向こう側に行かなければならない。聖なるものの気配は、私たちが自分の身体の緊張を無意識のうちに感じ取ることと無縁ではあるまい。

古神符納所《こしんぶおさめどころ》の前を通る。あちらこちらの設《しつら》いに、卵が供えてある。山中にいらっしゃる、蛇の神様。現実の「は虫類」のイメージは、入り口に過ぎない。その向こうの遥《はる》か遠くに、私たちが夢見もしない異質のものが立ち現れる。

なでうさぎに触れ、ほっとする。階段を登り、狭井《さい》神社に至った。ここから先が三輪山である。

登山口に、「本日登拝入山禁止」とある。何日か前に雪が降って、山道に積もったのだという。自分の内側に徐々に高まってきた神聖さに向けられた衝動の行く末が、足元を見失いあやうくなった。今日は通れる状態になっているかどうか、人が登って確認している。下りてくるまで待つようにと指示された。

待つという時間は、たくらみに満ちている。しんしんと冷え込んだ空気の中で、佇《たたず》み、空を見上げる。サミュエル・ベケットの『ゴドーを待ちながら』[*2]では、神たる待ち人は姿を現さない。その不条理劇の構造は、やはり、西洋近代の産物である。一方、古の神様は、不在でいらっしゃる時もまた、気配としてそこかしこにいらっしゃる。すでに充《み》たされ始めている。

待つ間のこの静寂を、漱石《そうせき》ならばどんな短編小説に仕上げるだろう。「先達」たちの帰りを待ちながら、あちらこちらと歩き回った。

「遅いなあ」

常連らしい人が、声を上げる。「滝のところから戻るのならば、もう来るはずだが」

待つことの香ばしさが、ジリジリとしたじれったさと撚《よ》られて一つになった頃、ようやく人の姿が見えた。通りがかりに「本日登拝入山禁止」の札を外している。

その人は、社務所の神職に向かって何やら話している。どうやら、神様が近づいてきたらしい。

入山許可が出た。白い襷《たすき》を受け取る。肩から斜めにかけると、気持ちがしゃんとした。

「いかならむうひ山ぶみのあさごろも　浅きすそ野のしるべばかりも」

本居宣長《もとおりのりなが》が学問の心得を説いた『うひ山ぶみ』*3の一節が浮かんだ。

登り始めた道は思いの外急で、観念が身体化される時のどしんと着地するような思いが私をとらえる。

三輪山は御神体であらせられる。一木一草に至るまで神聖なる存在である。土を踏みしめ、岩を眺める中で、「今、ここ」にあることについて考え始める。

「今」は来たりて、やがて去る。二度とは戻らぬ。かつて、古の人が登拝した時にも、「今、ここ」に全てはあったのだろう。その「昔」と「今」は隔たってしまって、どんなに思ってみても届きはせぬ。

私がまさに経験している「三輪山」の現象学は、古の人のそれと同じである。同じでありながら、隔たっている。意識というものの割り切れぬ作用。またもや思い知らされた。

本当は、存在というものはそれがどこにあっても不思議なものなのだろう。大都会の雑踏で拾い上げたペットボトルのキャップもまた、「今、ここ」の不可解をまとってそこにある。それでも人間が聖地というものを必要とするのは、ありふれてある存在の神秘をすっかり忘却して、私たちが文明というものを築き上げたからではないか。

なぜ、日常の中ではそれを感じることができないのか。聖地と呼ばれる場所に赴《おもむ》く度によぎる懐疑に向き合いながら登り、ゆるやかに包まれていく。

一心に祈る人の姿がある。滝がある。激しく落ちる水に打たれる人のために小屋が設えてある。さらに登る。次第に木々の様子が変わる。巨石が姿を現す。ところどころ、感じられるむき出しの荒々しさ。地球の造山運動の大きなうねりが片鱗《へんりん》を見せる。

ついに、頂についた。

黒々とした石が群れ立ち、くっきりと区切られてある。古来、多くの秘儀と、鍛錬と、跳躍が企てられた場所。前にすると、さまざまをすっかり忘却してしまった近代合理人の胸にも、よみがえり迫るものがある。

上手に思い出すことが肝要である。精神の野生は、「私」が世界にむき出しにされてこそよみがえる。岩は確かにある。動かし難いものとして、そこに息づいている。その形態を安定したものとして存在させている量子力学の機序《きじょ》。波動は石質を充たし、周囲の空間を漂い、宇宙全体に至る。

すべてはつながってある。それでいて分かれている。近代科学が明らかにした尋常ならざる物質像は、「上手に思い出す」ことによって私たちのうちによみがえる太古の魂の姿につながる。

時は満ちた。そして、失われる。山を下りる。門を出《い》でて、感謝を込めて襷をお返しする。

寒い中に随分いたので、すっかり冷えていた。社殿のすぐ横にあった店に惹き付けられるように入る。火は赤々と熾《おこ》る。三輪の名物、おそうめん。手の平への温かさがうれしい煮麺《にゅうめん》に七味を落とすと、ぱっと咲いた赤い花が鮮やかなコントラストをなした。

うまく思い出すこと。子どもの頃、母がよく煮麺をつくってくれた。あの頃の私に、世界はどのように映っていたことだろう。繰り返し見る夢があった。誕生の秘儀は私の魂のもっと近くにあった。年を重ねるにつれて智恵は増し、根源的な出発点の記憶は薄れていく。

「いかならむうひ山ぶみのあさごろも浅きすそ野のしるべばかりも」

産湯に浸《つ》かった赤ん坊が、人生という山の登攀《とうはん》を始めるに当たって、手助けとなったあさごろもは、どこに失われたか。

なつかしい煮麺に夢中になる。ごちそうさま。

再び文明の人となる。聖地で未だ大切に育《はぐく》まれているものの気配がいったんは皆無となる。だからこそ、忘れてしまっているものの尊さはしっかりと刻印される。

うまく思い出すこと。そこに浮かび上がる原初の景色にあさごろもを再び見いだすことができないとしても、私たちはすでに登攀を始めてしまっている。

＊1
開化天皇陵
開化天皇は『古事記』『日本書紀』に記される第9代の天皇で、後世の記紀編纂最終段階に存在した天皇の称号に似せて造作したのではないかという、いわゆる欠史八代の1人。陵墓は奈良市油阪町の前方後円墳に比定。

＊2
ゴドーを待ちながら
1940年代末に劇作家サミュエル・ベケットによって書かれた2幕ものの戯曲。自己の存在意義を失いつつある現代人を描いた不条理演劇の代表作として演劇史にその名を残し、現代まで繰り返し上演が行われている。

＊3
うひ山ぶみ
本居宣長が著した国学入門書。ライフワークであった『古事記伝』全44巻の完結した1798年から書き始められた。書名は巻末の和歌「いかならむ ぅひ山ぶみの あさごろも 浅きすそ野の しるべばかりも」にちなむ。

生きた心地の実感

　奈良に行く電車の中で考えた。何回も訪れ、彷徨《ほうこう》したおなじみの地。しかし、かの古都は一向にその全容を明かしてくれない。まだまだ途轍《とてつ》もない何かが隠れているような気がする。見落としているのではないかという痺《しび》れるような畏《おそ》れの感覚に、いつものようにとらわれる。

　もっとも、繰り返し同じ場所に行くからいけないのだろう。興福寺《こうふくじ》宝物館。春日大社《かすがたいしゃ》。東大寺《とうだいじ》。正倉院《しょうそういん》。駅からほど近い範囲にかけがえのない場所が数多《あまた》あり、そこに出かけているうちにいつの間にやら次の用件が追いついてくる。

　私の中にはそれでも、はっきりとした「奈良のクオリア」が息づいている。大らかに土は広がり、鹿が草を喰《は》み、青空が覆う。京都と比べると明らかに太い筆を以《もっ》て、しかしそれにもかかわらずやわらかな線で彩られた景観。心の姿見に映るその印象が、電車が平城京跡を通り過ぎるあたりから次第にくっきりとよみがえる。

奈良がそれだけではないことは、十分すぎるほどわかってもいる。まだひっくり返していない石が転がっていることも重々悟る。クオリアに沈潜《ちんせん》しつつも、打ち破られていくことを夢見るのだ。そうやって、意識というものは前へと進んでいく。

私たちが生きていくその現場では、さまざまなものに「分散」する動きと、一つにまとまって「収束」していこうとする傾向がせめぎ合っている。その弁証法的過程からのみ、多様性の豊饒《ほうじょう》は生み出される。

クオリアとは、つまりは私たちの認識のプロセスに内在する収束の傾向である。進化の長い歴史の中で、「このような形で世界をまとめて把握しておけば、まずは妥当な結果になる」という生命の知が働いてきた。その用意された土台の上に、私たちの脳内回路は自らの経験に基づくさまざまなクオリアを紡ぎ出す。表象は創《つく》り出され、印象を残してやがて彼方《かなた》に去る。

無意識のうちに準備されたクオリアが次々と「決め打ち」されていく。その一方で、生の中に必然的に潜む偶有性が、その予定調和を打ち砕く。呆然《ぼうぜん》とし、ふと我に返り、粉々になった姿見の破片を拾い始めているうちに、また幻のような何ものかのかたちが見え始める。

金属を一度熱し、徐々に冷ましていく「焼き鈍《なま》し」の過程を通してその組成がよりしなやかに、強靭《きょうじん》になるように、意識の中のクオリアもまた、経験によって一度裏切られることで次第に底光りするものとなっていく。「日本のクオリア」は、何度も焼き鈍しされなければならない。そうでなけ

れば、生命の気配はすっかり失われる。私たちは出会わなければならない。クオリアを輪廻転生《りんねてんしょう》さ
せるためにも。

駅から車を走らせるとあっという間に山中の気配に包まれた。地理的区分としては、「京都府相楽《そうらく》郡《ぐん》」となるらしい。この地と、私の人生の軌跡は今まで交わらなかった。生まれた人にとっては懐かしい故郷なのだろう。何がそこに待ちかまえているのか、予断などない。不意打ちこそが、クオリアの焼き鈍しにはふさわしい。

私は高名な山寺を訪れているらしかった。真言宗智山《ちざん》派、鹿鷺山笠置寺《しかさぎさんかさぎでら》。門前に、きじ料理を出すという店の看板がある。「合宿大歓迎」との惹句《じゃっく》に、「大学の研究室で来たらどうだろう」とぼんやりと考えた。この頃は、まだ感性は微睡《まどろ》んでいたのである。

回り込み、歩みを進めるとご本尊が現れる。そうだとは知らずにいて、思わず足を止める。巨大な花崗岩《かこうがん》に刻まれた仏さま。しかしながら、*1弥勒大磨崖仏《みろくだいまがいぶつ》そのものの御姿はすでになく、ただ光背だけが、かつてを偲《しの》ぶ縁《よすが》となる。

弥勒菩薩は、お釈迦《しゃか》さまの入滅後56億７０００万年経ってこの世にその身を顕すとされる「未来《みらい》仏《ぶつ》」。かくも長き不在が、私たち衆生《しゅじょう》の心にあこがれの気持ちを抱かせる。京都広隆寺《こうりゅうじ》の国宝の像など、御姿を偲ばせる徴《しるし》はそこここにある。しかしながら、弥勒菩薩その人は、今この瞬間も、兜率《とそつ》天《てん》にて修行されているのだ。

一旦はこの世に物象化して、やがて失われたもの。最初から「無」であったわけではない。失われ

たものは、どこに行くのだろう。かつて確かにあった時間は、いずこへと流れていくのだろう。喪失の物語＝歴史を前に、いよいよ胸騒ぎがする。

東大寺二月堂の原型となったとされる正月堂の舞台造りの柱の横を通る。さらに奥へと向かうと、巨岩が再び姿を現した。

岩と岩の隙間《すきま》が千手窟《せんじゅくつ》*2。最小限の人為による設《しつら》いの中、手つかずの石の風合いが得も言われぬ姿を呈している。その様子を見て、沖縄の那覇《なは》近郊にある「斎場御嶽《せーふぁうたき》」のことを思い出した。

世界遺産に登録されている琉球王朝最高の聖地に足を踏み入れた時、私はそれまで見てきた「内地」の祈りの場が、全て「負けた」と思った。心の中をざわざわと音を立ててよぎったものを完全に把握できたわけではない。人為と自然。境界と開放。与えられたままに現前を受け入れるという潔さに、深く触発された。

思い至らなかったのは、歴史の古層。私の既に知る奈良の大らかな風情のさらに先に、それはあったのだ。古《いにしえ》にて、時の政権により並び立つものもないように磨き上げられた祈りの場。失われた原風景の中にこそ、私たちを蘇生《そせい》させる何ものかがある。

眺める。息づく。沈潜する。優美な線刻の虚空蔵菩薩《こくうぞうぼさつ》の磨崖仏に巡り会う。気の遠くなるような長い年月を経て、奇跡的に残ったその御姿を拝して、今目にしたばかりのゆかしい不在との対照に思いを馳《は》せた。

人間は皆やがて死ぬ。私たちの姿はこの地上から消える。生者が死者に克《か》ち、存在が不在に優ることは世の常道《じょうどう》のようであるが、実はそれほど自明なことではない。

生きる以上、私たちは「今、ここ」のクオリアに沈潜するしかない。存在は無限の不在によって縁取られる。笠置山のことなど夢にも知らずに奈良を歩いていた私の魂のすぐそばに、光背だけを残した弥勒大磨崖仏はあった。千手窟もあった。ここにないものは、予感されるしかない。そのことを確認するために「日本のクオリア」の旅を続ける。

胎内くぐりを経て、ゆるぎ石に挑む少し前に、木津川《きづがわ》の姿が見えた。古より、木材の運搬に使われた流れ。奈良の寺社建築を支えた大動脈。

高名な東大寺の「お水取り」は、先ほど見た千手窟に起源すると聞く。水は流れ、形を変え、至るところに現れる。地下の伏流水が、人間の時間スケールなどはるかに超えた形で結びつける。いつの間にか思いは人為を離れ、安らぎの中に包まれる。

戻る道に、「ねえ　笠やん　梅が咲いたよ　淋しいよ」と書かれた器が置かれていた。参拝者に愛された名物の猫を偲ぶらしい。過ぎしものの不在に思いを寄せるうちに、私たちは何ものかの源泉を探りあてるのではないか。その時、流れ出すものは涙だけではない。「お水取り」を興し、弥勒菩薩の仮想へと至る作法が姿を現す。

再び車中の人になる。柳生《やぎゅう》街道沿いに円成寺《えんじょうじ》へと至る。運慶《うんけい》*3の手による大日如来像《だいにちにょらい》を拝する。申し分ない。何も言うことがない。ほれぼれとする。美しいお顔を見つめているうちに、座禅の足も優美でなまめかしいことに気が付いた。

かつては金箔で覆われていたのが一部剥落《はくらく》して地の黒と斑《まだら》を成して、えも言われぬ味わいを呈す。苦しい修行が愉悦《ゆえつ》へと至る道でもあることを、古の人は心得ていた。信仰の対象は、たとえようもなく美しくなければならない。運慶という人は、どれほど多くの修行僧に魂の喜びを与えたことか。

「自然にとっては宇宙全体でも足りないのですが、人間の手になるものは閉ざされた空間を必要とするのです」

ゲーテは、畢生《ひっせい》の大作『ファウスト』の中でそう書いた。自然は惜しげもなく変化し、留まるところを知らない。人為は閉ざされた空間を必要とする。永続を求めるのは人間の身勝手というものである。しかし、その詩的真実の中にこそ、宗教芸術を含めた全ての表現の命がけの跳躍が宿るのではなかったか。

私という存在は数多くの不在に包まれている。悟りもせず、迷ってばかりで、あっちへふらふら、こっちへよろよろ、自分でも心許《もと》ない。ただ素晴らしいものに出会った時に、生きた心地がする。そのクオリアを、いつまでも、心の中の掌《てのひら》の上で転がしていたいとさえ思う。

奈良町へと歩く。美味しい酒肴を頂く。ホテルへと戻る道すがら、暗闇に包まれる。不在のものたちに思いを馳せる。自分の足音に耳を傾けながら、泉を探りあてたという喜びに包まれて私はあった。

＊1
弥勒大磨崖仏
奈良〜平安時代、15・6×15メートル。兵火によって表面が剥落し、現在は光背しか残っていない。この弥勒菩薩を模刻した、奈良県・大野寺の弥勒磨崖仏、京都府加茂町・当尾の辻の弥勒仏に面影を偲ぶことができる。

＊2
千手窟
『二月堂縁起絵巻』によれば、東大寺の開山・良弁僧正の弟子だった実忠和尚は、751年に笠置山の千手窟から弥勒菩薩が修行を続ける兜率天へ至り、そこで見た天人たちの悔過法を「お水取り」として人間界に伝えたという。

＊3
運慶
生年不明〜1223年。奈良市・興福寺を拠点に活動していた奈良仏師康慶の子で、力感に富む清新で力強い作風によって新興の武士から支持を受けた。現存最古作は、安元2年（1176年）に完成した奈良・円成寺の大日如来像。

比叡山延暦寺　滋賀県大津市

忘れても動かざる

なにごとでも、実際に見て、経験することは是非とも必要だと思うが、その一方で実見しなかったものにかえって想いが残り、気持ちが乗っていくこともある。

長い間触れることなく、記憶も次第にぼんやりとしていくのに、自分の心の中でのリアリティの粒子がますます力強く光り出すこともある。故郷、旧友、不本意にも告別をした人たちがその不在ゆえの逆説の中に魂を鷲摑《わしづか》みにする。

京都にはしばしば行くが、山に登ることは少ない。それでも、実は山々に囲まれた盆地だということは肌で感じているから、頭の片隅にはどっかりと盛り上がった土塊のイメージが引っかかっている。かくも長き不在の間、京都の神社仏閣を経巡りながら、私の脳裏には常に山々の稜線が見え隠れしていたのだろう。

恐らくは中学校の修学旅行以来。三十年近くの空白を経て、比叡山延暦寺《ひえいざんえんりゃくじ》へと登っていく車中で私にとっての「山」なるものの残滓《ざんし》について夢想する。

確か以前はガードレールの横に猿がずらりと並んでいたはずだ。しかし、小さないたずらものたちの姿は見えず、到着した東塔近くの駐車場にも、人影はまばらだった。これからお能を観るはずなのだが、ポスター以外はそれらしき兆しもなく、心許ない。

延暦寺ほどの多くの人々の心尽くしの手が入った名跡でも、山の中はやはり人智から逸脱するものたちの気配に満ちている。建物の屋根を眺めてみても、どうにも人心地がつかず、木々の梢に目をやると、文明以前のどこかほの暗い恐ろしげなものたちへと精神が引き寄せられていくような気がする。人待ちの間のしのぎに、信長《のぶなが》が比叡を焼き討ちした「元亀《げんき》の兵乱」の際の犠牲者を鎮魂する掲示板の文章を読んだ。動かし難い過去の感触に、ようやく自分が何か確かなものにつながるような思いがした。

山上の深い森の中で心細くなり、何ものかを求めているうちに、遠い昔の歴史を伝える言の葉に魂を救われる。心許なさの中に、山中での修行が人間の精神を鍛える理由を悟る。「父母未生以前本来の面目」などと大上段に問いかける必要はない。尽きることのない無意識、身体性の暗がりが自然に「私」を包み込んでいく。

普段私がその中で呼吸している文明というものは、魂の不安の忘却剤なのだろう。現代的なテクノロジーやメディアの皮膜を剝《は》ぎ、魂を裸にしなければ山を登った甲斐がない。

比叡山には、十二年もの間、浄土院の結界から出ずに修行する「侍真《じしん》」*1と呼ばれる僧がいるという。物理的に隔離されることはもちろん、情報的にも断絶される。だからと言って、僧が体験する世界が貧しくなるわけではもちろんない。

生まれる前の魂。二度と帰って来ない愛しき人。死んだ後に赴く場所。どこかに消えてしまった記憶のありか。私たちの人生を取り囲む切実にしてのっぴきならないものたちは、現代のメディアなど到底手の届かない場所にいる。

侍真というあり方は、現代に対する優れた批評性を持つとともに、生きて死ぬ人間という存在のエッセンスに真っ直ぐにつながる。比叡山の開祖、最澄《さいちょう》*2の御廟所《ごびょうしょ》にて奉仕をする日々。インターネットで集められる最澄に関する情報などとは全く異なる気配のものたちに包まれつつ、日々文明が忘れてしまったものを時々刻々と呼吸し、魂が精妙なかたちに変わっていくその生活を、心からうらやましいと思う。

それでも、普段の生活の中では俗世間にどっぷりと浸《つ》かったまま、仕事に追われるしかない。だからこそ、旅をして、日本のクオリアを古層から掘り出して、自らの精神を向かい合わせなければならないのだ。

門前に一人佇《たたず》み、そんなこんなを連想しているうちに、今宵の能を一緒に観る仲間たちが集まり始めた。

再会を喜び、挨拶《あいさつ》を交わし、同行者たちとともに歩き始める。これから起こることへの期待から、魂が次第に上気していく。

哲学は形に表れるものだと思う。根本中堂《こんぽんちゅうどう》の独特の空間設計が、私を不意打ちにする。薬師如来と参拝者を同じ高さに配し、僧侶たちはそれより低い場所で読経する。なるほど、大乗の思想に帰依するとはこういうことかと嘆じているうちに、『翁《おきな》』が始まった。

別格の曲である。舞台上でシテが面を着け、舞う。土俗的とさえ言えるエネルギーの表出に、全ての動かざるものの背後に隠れた駆動力のことについて考える。

山は動かざるものに見えるけれども、もともとは造山運動の結果である。現代の文明はドッグ・イヤーのかけ声のごとく目まぐるしく動いていくが、本当にこの世界をつくる根本原因となっているものたちからは、むしろ遠い。根本中堂の設《しつら》いも、翁の舞いも、そして結界の中に立て籠《こ》もる侍真の眼《まな》差《ざ》しも、文明からはむしろ忘れ去られている精神の深層の「造山運動」にこそ向けられている。

東京の日常から京都に旅し、風物に触れてクオリアの洗練を図るのも良い。しかし、根本はさらに奥の方にあった。山に抱かれ、文明を忘れて眠るとき、自分の無意識の深層から浮かび上がってくるものこそが旅の発見でなければならない。

まだまだ忘れている何かがある。根本中堂の中で『翁』を拝見するという至福の時を過ごしながらも、私の魂は何だかざわざわと落ち着かなかった。

＊1
侍真
現在も伝教大師が生きているかのごとく、御真影を守り、仕える僧。12年間結界内を出ることなく大師への給仕を勤め、定められた勤行や修法を実践する。制度の確立した1699年以来、12年籠山を満了した僧は79名。

＊2
最澄
767～822年。19歳で受戒、遣唐使船で唐に留学し、天台教学を学ぶ。帰国後は密教、禅、戒、天台の四宗を総合した教義を確立。この教えを母胎として、比叡山は鎌倉新仏教の祖師を輩出、日本仏教の母山と呼ばれた。

斎場御嶽と久高島　沖縄県南城市

生きるための秘術

人でも場所でも、そこに導かれる時というものは不思議なもので、斎場御嶽《せーふぁうたき》に向かったのも、ほんの少しの偶然がきっかけだった。

大学の研究室の学生たちとの沖縄合宿。少し時間が余ったので、さてどこに行こうとガイドを見ていると、その名前が飛び込んできた。

「琉球王国のグスク及び関連遺産群」の一部として世界遺産に登録されている。何となく行ってみたくなって、学生たちに声をかけた。

沖縄の御嶽がどのような姿をしているかについては、ある程度心得があった。木立の中に、きれいに掃き清められた広場がある。注意しなければ気づかずに通り過ぎてしまうくらい控えめに、供え物がある。太陽が上から差し込み、風さえも浄化されているように感じる。そこかしこに、「光のお団子」が転がっているようでもある。

過ごす時間が経つにつれてひそやかに、命が内側から満たされていく。自分と周囲のさまざまが、一つに溶け合ってつながっていく。御嶽にはそんな作用があるように私は思っていた。

向かう斎場御嶽は琉球王朝最高の聖地である。最高位の女神官である「*1聞得《きこえ》大君《おおきみ》」を始め、女性しか入ることができなかったという。国家としての大切な祭祀《さいし》の場。まだ見ぬものに導かれながら、海沿いの道を行く。

車のラジオは、広い世界の脈絡を運んでくる。学生たちは関係のないことを話している。私はざわざわとした世間のしがらみの中にいた。

周囲に人がたくさんいたとしても、雑念がまとわりついていたとしても、そんなことには関係なくすうっと入っていけることはある。その時が来た。御嶽の前に車を停め、至る道を歩いていき、森の気配に包まれるに従って、さまざまなことは自然に離れていった。

確かに何かがある。特別なものが付け加えられているわけでも、取り除かれているわけでもない。全ては大地によって与えられた形のありのままである。それでいて魂を惹《ひ》き付け、包み込む。一つひとつの木や植物をとらえれば、ごく普通のものたち。しかし、それらが総合した時に、「なかったもの」が現れる。

聖地とは、常に「総合」である。土地の形や、風の流れや、気候や、太陽の照らし出しや、さまざまな要素が合わさった時に、余所《よそ》にはないかけがえのない何かが生み出される。

聖地は、私たちの心と共鳴して耳には聞こえない不思議な「音」を奏でる。脳の中の神経細胞は、一個だけでは何の変哲もない細胞に過ぎない。それらが百億、千億と集まった時に、そこに「意識」が生み出される。さまざまなユニークな「クオリア」が生まれる。感情のさざめきや、無意識の大波小波が沸き立つ。

「私が私であること」が成り立つ、そのこの上ない神秘と同じ「創発」のメカニズムを通して、聖地は「聖地」となる。御嶽は「御嶽」となる。「私」という宇宙の中心がその成立の不思議によって思索を惹き付けてやまないように、聖地もまた未知の消息に満ちている。手をのばそうとしている。

人間によって見いだされ、名前がつけられる遙か以前から、それは息づいてきた。奥へ奥へと進むうちに、驚きは深くなる。呼吸の質自体が変わってくる。

むき出しの奇岩。まとわりつくようにしがみつく木の根。頭上を覆う葉葉《ようよう》。ちらちらと舞う木漏れ日。沖縄の各所で見てきた御嶽と同じやさしく清浄な空気が流れると同時に、どこかしら荒々しく、その気になれば人間たちに災厄さえもたらしかねない、強烈な力が感じられる。

大地を成した造山運動が、その核となるエネルギーをほんの少し噴出したような。それは、地球の芯にまでまっすぐにつながっている。女性原理の裏にかいま見える男性原理、両性具有。混沌《こんとん》。未分化。無明。

綺麗《きれい》だとか、美しいとか、そんな言葉では割り切ることのできない、自然に内在する静かなる衝動。その所在が、見紛うことのない力動へと、私を引き込んでいった。

祭壇のある最奥地の少し手前に、丸い池があった。大戦中、アメリカ軍の砲弾が着地した跡に水が溜《た》まったのだという。琉球王朝最高の聖地の、静謐《せいひつ》なる自然の中に闖入《ちんにゅう》した爪痕《つめあと》。取り返しがつかない形で、中心に突き刺さった異物。しかし、そのことがかえって、斎場御嶽に「現代」から「未来」にかけての聖地として、代え難い文脈と品格を与えている。

戻りながら左側の道に入り、広場を進むと、右奥に一目見て驚異の念に打たれる光景が現れた。見上げるような巨岩が二枚、一つがもう一つに斜めに寄りかかるように、三角形の隙間《すきま》を作っている。抜けると、そこが「三庫理《さんぐーい》」だった。遥か頭上まで続く岩からはシダが優美に垂れ下がり、太陽の光が祝福するように降り注ぎ、踊る。この聖なる地においてもとりわけ大切な域であることが、瞬時に感得される。

三庫理の中に佇《たたず》んでいるだけで、自分の魂が何ものかから守られて息を潜め始めるような、そんな思いにかられるのである。

しばらくシダの葉の上の光溜まりを眺め、それから振り向いた。最後の覚醒《かくせい》が用意されていた。両側からの植物の繁茂により額縁のように切り取られた空間の向こうに、海が広がり、その中に島が横たわっているのが見えたのである。

久高島《くだかじま》だ。

誰かがつぶやいた。

アマミキヨが降誕したと伝えられる、聖なる島。祝女《ノロ》と呼ばれる神女《かみんちゅ》が秘祭「イザイホー」[*2]を執り行う神秘の場所。その名前は以前から耳にしていたが、実際に眼にするのは初めてであった。
巡礼し、その果てに久高島と出会うという設《しつら》いは、いかにも洗練され、大自然に演出された偶然の「僥倖《ぎょうこう》」である。島の向こうに予感されるはずの、彼方《かなた》なる異界ニライカナイ*3。その幻を遙拝《ようはい》することで、私の斎場御嶽との出会いは完結した。

心満たされて俗世へと戻る道すがら、周囲にふわりふわりと蝶が舞っていることに気づいた。黒地に白い帯の入った、優雅な揚羽《あげは》蝶。それらが木の間から木の間へと抜けていく姿を見ているうちに、あれは死者の魂に違いないという突然の思いに打たれた。

わかってしまうと、それはもう疑いの余地のないことだった。浮力だけに支えられて、空気そのものから析出《せきしゅつ》した妖精《ようせい》のように移動していくその有り様を、古《いにしえ》の人もきっと魂だと見立てたに違いない。誰に教わるわけでもなく、私は、自分の中でもうそのように決めつけてしまっているのである。

できればすぐに赴きたかったが、その時は久高島に渡ることは叶《かな》わなかった。学生たちと一緒に東京に戻った。久高島を目指す波の上の人になることができたのは、それから幾ばくかの時が流れた後のことである。

満を持していたのであろう。まずは斎場御嶽にお参りして、それからフェリーに乗った。

ゆったりと島の中を歩いた。集落の中に、外間殿《ふかまどぅん》や御殿庭《うどぅんみゃー》などの聖域が点在する。旅の者は、密《ひそ》やかに控えめに通り過ぎ、そして眺める。島の東側にあるイシキ浜に向かった。砂浜の向こうに、サンゴの海が広がっている。波が打ち寄せる。空気が動く。太陽が照りつける。

なじんだ頃に、あることに目覚めた。浜のあちらこちらに、白い石がある。自然の石のようにも見えるが、よく見ると違う。配列する。すっくりと立っている。全体として、ある印象がある。明らかに意図して置かれたものだと気づいた時に、震える思いがした。ことさらに主張するのではない。目立とうとするのでもない。わかる人にだけ見える。控えめと言えばあまりにもかすかな祈りの形。

自然の中に、何の恒久的痕跡《こんせき》も残さない。それでいて、ある明確な思いを隈取《くまど》る。そんなやり方に、感化され始めていた。

文明全体が、私の心の中で負けていたのではないか。この世に投げ出されたことの奇跡。生きることのやっかいな滋味。そのようなことに寄り添って生きるための秘術を、私たちはいつの間にか忘れてしまった。

大仰な神殿も、贅《ぜい》を尽くした装飾も、壮大な信仰の体系も要らない。ただ、天然の配剤に蒙《もう》を啓《ひら》かれ、耳を澄ます。この上なく小さな、しかし美しいものを目撃するしなやかな心だけがあれば良い。

再び蝶が飛び始めた。天女の羽衣のような白い筋が、香り立つ空中を舞う。それが現実なのか、聖地が私に見せた幻なのか、もう記憶は定かではない。

それでも残像はいつまでも離れない。やり方さえ見つければ、いつでも呼び覚ますことができる。幸いなるかな。痕跡は私の中に残ったのである。

＊1
聞得大君

琉球国王のおなり神（男性を守護する血族の女性の神格化）に位置づけられ、国王と王国全土を霊的に守護する者として、王族の女性が任命される。琉球全土の祝女の頂点に立つ、最高位の神女。斎場御嶽を掌管する。

＊2
イザイホー

久高島で12年に1度行われる、島で生まれ育った30歳以上の既婚女性が祖母の霊力を受け継ぎ、島の祭祀組織に加入するための成巫式。１９７８年を最後に現在に至るまで行われておらず、その存続が危ぶまれている。

＊3
ニライカナイ

沖縄県や鹿児島県奄美諸島の各地に伝わる理想郷の伝承で、遠い東の海の彼方、または海の底、地の底にあるとされる異界。豊穣をもたらす神がやってくる場所、生者の魂が来て、死者の魂が帰る場所だと考えられている。

加賀の潜戸　島根県松江市

シラサギは舞う

子どもの頃、当時まだ外国に行ったことがなかった母親に、「他の国を見てみたくないの？」と聞いたら、「そうだねえ、スイスだったら行きたいかなあ。でも、日本の中でも、随分行ってみたいところがあるからねえ」と答えた。

随分控えめだなと思ったが、なるほど、日本のクオリアを求める旅を続けていると、この島国が秘めた多様性は大したものであると気付き始める。

出雲《いずも》空港から車に乗った。今まで経験したことがないような複雑なレイアウトの水域が現れては消える。左に見えていたと思ったら、右に浮かび上がり、やがて前方で次第にその領域が大きくなっていく。

2005年にラムサール条約に登録された水鳥の棲息地《せいそくち》、中海《なかうみ》のあたりだった。湖の中央に全国一のボタンの産地である大根島《だいこんじま》が浮かび、堤防道路を通っていく。シラサギが一羽、清澄な青に照り映えた浅い水の広がりの中に佇《たたず》んでいた。

進むにつれて、まるで生きもののように時々刻々と変化しながら水の気配が追いかけてくる。淡水、海水、汽水。忍び寄ってくるものの性質が、経験していない類のもので何やらゆかしい。物理的には同じ水という液体でも、その時々の気温や、水温、風向きや、土地の様子、つまりは風土というものによって、その存在感が変わっていく。

なるほど、狭いとばかり思いがちな日本は多様である。水の気配一つとっても、まだまだ見知らぬものがある。そう簡単に外国に出て、それでおしまいというわけにもいくまい。

はっとするくらいすがしい空気に包まれて、飛行機の向こうに置いてきた東京の喧噪《けんそう》が次第に遠くなっていった。あのシラサギのように、ゆったりと水の気配に包まれていたい。そんな衝動に駆られる。

通りすぎながらちらりと見た松江城は美しかった。白鷺《しらさぎ》城として有名なのは姫路だが、松江の天守閣には水に浸って佇んでいる固有の趣がある。黒とコントラストをなす白が鮮やかで、すっきりとした姿である。

私とお城と、シラサギと。ゲーテの「親和力」を思い出しながらうとうとしていたら、何時《いつ》の間にか車が駐車場に停まっていて目が覚めた。

島根町にある加賀《かか》[*1]の潜戸《くけど》。新旧二つあって、グラスボートはまずは新しい海食洞窟《かいしょくどうくつ》へ向かった。海は、それこそ遙かなる洋上においても当然なことながら本領たる顔を見せているはずのものだが、陸とのコントラストにおいてかえってその本質が際だつということがある。潜戸に近づく船から見る水の表情は刻々と変化して、飽きない。その向こうに見える土塊のどっしりと動かし難い感触に比べて、水のかたまりは融通無碍《むげ》、やわらかで絶えざる変化の中にあり。生命とはまさにこのようなものだったかと思う。

陸が造山活動によってできた「火成論」の世界だとすれば、海との境界面にできあがる水成論との合作による地形は、私たち自身の生命にもともと近しいもののはずだ。身体の中には、ＤＮＡという硬い情報の鎖があり、それをやわらかな細胞体の水が包んでいる。生命の本質が硬さとやわらかさの共存だとすれば、私は、そのひな形に近づきつつあった。

潜戸は、海辺の岩の一部が長年の波の作用で浸食され、大きな洞窟になったのだという。近づくにつれて、スケール感があやしくなった。

入り口で上から降り続けている水滴を見上げると、それがふわっと光の糸になった。火成論に水成論。それに、光の作用の一撃が加われば、もうそれで生命の誕生の条件に近いのだろう。

ひんやりとした薄闇の中に船が入る。潮の流れがくるくると周囲を囲む。なるほど、海そのものが陸と接することでより海らしくなる。岩の表情は険しいが、中に入り、くらがりから外の陽光に照らし出された世界を眺めていると、不思議なほど心が落ち着く。

自分がかつてそこからきた、光の乏しい世界。死んだら、還っていくかもしれない場所。昔の人たちが、潜戸を見て胎内を連想し、死後の世界を思ったその脈絡をなぞる。

旧《ふる》い潜戸の方には、亡くなった子どもたちへのお供えものがあった。夜になると鬼が蹴散《けち》らしてしまうという石積みもある。青森の恐山《おそれざん》で、同じ信仰に接したことがある。その場所でも、近くには宇曾利湖《うぞりこ》という水域があった。生命が育まれ、やがて還っていく場所だと思いたい。羊水に包まれて私たちが見る夢は、きっとひたひたと寄せてくる波の動きに包まれている。

*2美保《みほ》神社に着く頃、雲行きが怪しくなった。参拝を済ませ、門前の土産物屋で休んでいると、勢いよく雨が降ってきた。

潜戸の光の糸は絞られた降水の風情を示したが、私たちの慣れ親しんでいる雨は、よほどのことがない限り光学のマジックを見せることなく、面や立体として迫ってくる。

シロイカを焼いたものを包んでもらい出発した。雨は上がり、しばらく眺めていたが、虹は出なかった。

ある一定の条件が満たされた時に地上に生まれる水の作用の奇跡。その系譜の中に、私たちの生命はある。

出雲大社に行く時間がどうやらなくなってしまった。ちょうど数ヶ月前、私は初めて大社を訪れていた。ぐいと命がわきあがる、その瞬間の胸のさざめきに込められたさまざまなもの。そのような場所には稲妻や虹がふさわしい。

　空港に向かう車の中で、ふと記憶をよみがえらせる。遥拝《ようはい》するつもりで美しい土地の風景を見ていたら、中海からずっと追ってきたかのようなシラサギが一羽、水田の中にすっくりと立っているのが見えた。

＊1
加賀の潜戸
加賀港の対岸にある海食洞窟。国の天然記念物に指定されている景勝地で、新潜戸と旧潜戸があり、長さ200メートルにもなる新潜戸は洞内を船で通り抜けできる。旧潜戸には幼い死者を供養する「賽の河原」がある。

＊2
美保神社
島根半島の東端に位置する美保関は、古代から海上交通の要所。たたら製鉄による鉄の輸出港としても繁栄した。美保神社は大社造りを2棟並べた独特の様式の本殿を持ち、事代主命を御祭神とする3385社の総本宮。

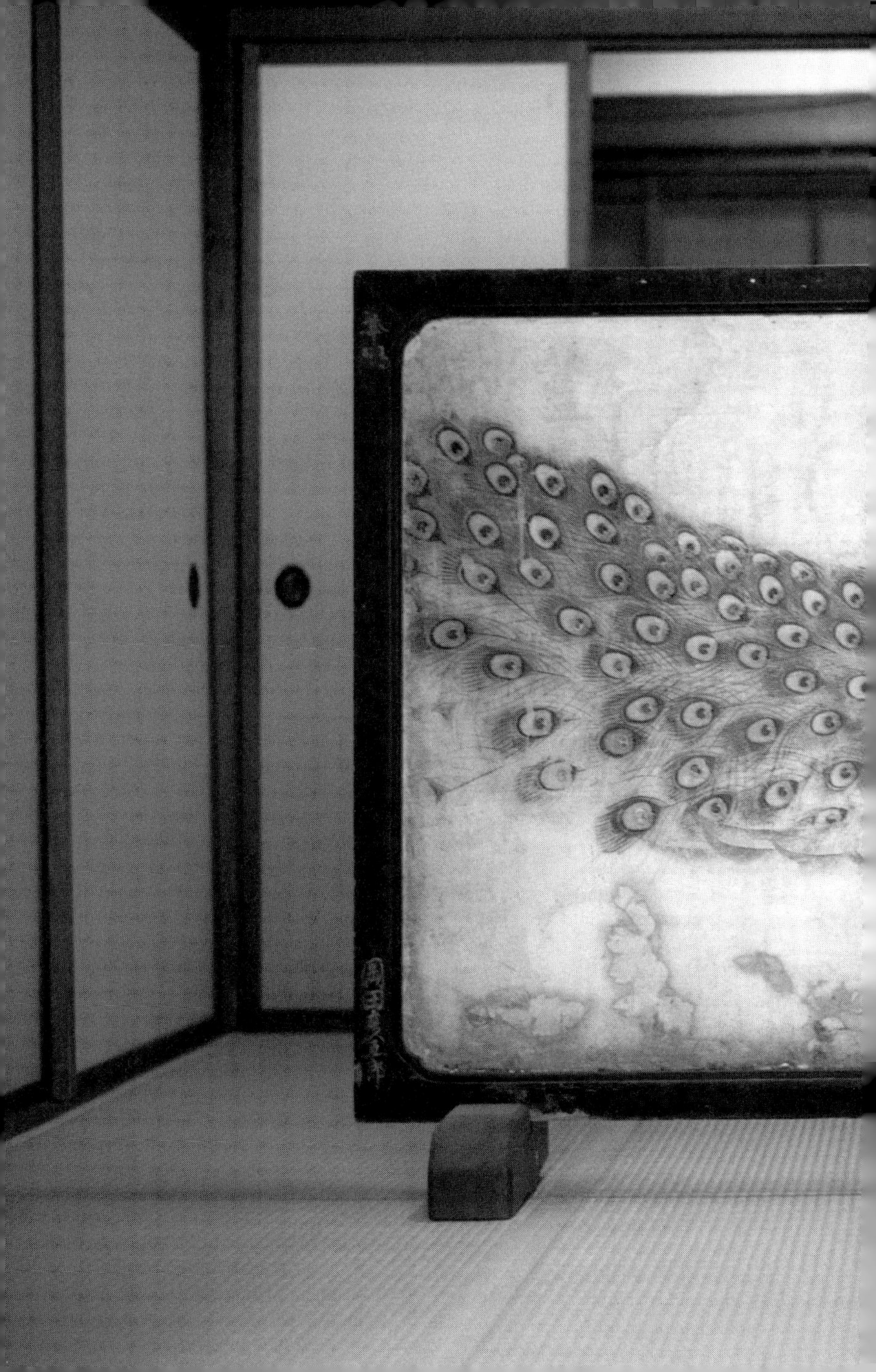

花に埋もれた島

日本人は好奇心にあふれていて、外から入ってくるものをどんどん取り入れる。今日においても、東京ほど、世界各国の料理が楽しめる都市は世界的に例を見ない。

一神教を奉じることなく、「八百万《やおよろず》の神」がおわしますという日本の世界観は、異質なこと、新しいものに対して寛容だと言われてきた。しばしば指摘されるように、結婚式はキリスト教の教会で行い、元旦には近所の神社に初詣《はつもうで》に行き、葬礼は仏教でという日本人の行動は、一つの信仰体系内部の整合性を重視する文化に属する人から見れば、「支離滅裂」にさえ見える。しかし、私たち日本人の生活実感から見れば、それほど不自然なことをやっているようにも感じられない。

好奇心を刺激するもの、生活に便利なものならば、世界のどの文化圏に由来するものでも、貪欲《どんよく》なまでに取り入れようとする日本。その一方で、極めて保守的で、頑《かたく》なまでに変わらない「芯」のようなものがある。その「芯」を見きわめないと日本のことはわからないとある時期から気づき始めた。「ここまで」という領域を超えると、頑なまでに侵入を拒む。あるいは、時には原型を留《とど》めないまでに、自分たちの流儀に変えてしまう。それが、「日本」という文化のあり方である。

平城京や平安京といった古《いにしえ》の都の設《しつら》い。律令制《りつりょうせい》のような政治の仕組み。現代の日本語表記に欠かせない「漢字」。そこから派生した「ひらがな」「カタカナ」。中国文化からの影響は圧倒的である。ところが、あるところから先は、影響を排する。例えば、中国語の発音については、全くと言って良いほど日本語の中に取り入れられていない。中国における発音に近い「音読み」についても、日本語の「五十音」の体系に沿うかたちにデフォルメされてしまっている。

「表象」における無原則なまでの柔軟性と、「芯」における保守性。二つの相容《あいい》れない志向性が、日本という文化制度の核心を貫いている。このうち、「芯」の部分における頑なまでの保守性は、「キリスト教」の受容と排斥の歴史において最も典型的に表れているのではないか。

日本社会は、キリスト教の宣教師に対して最初は比較的寛容だった。織田信長《おだのぶなが》は布教を容認した。高山右近《たかやまうこん》のような「キリシタン大名」[*1]も現れた。豊臣秀吉《とよとみひでよし》が1587年に「バテレン追放令」を出すことで、状況が変化した。秀吉の世界観と、キリスト教のそれが相容れなかったのである。

徳川幕府が「鎖国」政策をとったのも、キリスト教が広がるのを阻止するという側面が大きかったとされる。キリスト教の教えには、日本人の奥深い「芯」と相容れない何かがあったのである。

幕末に日本に来航したペリーの黒船。薩摩《さつま》藩が明治維新の中心勢力になるきっかけを作った薩英戦争。これらの局面においては、西洋文明の物理的力、軍事的技術が脅威として認識された。一方、秀吉や江戸幕府が恐れたのは、キリスト教に付随してきた何ものかの感化力であった。その「イデオロギー」を恐れたのである。

当時の日本人が恐れていたもの。現代の日本でも、頑なに侵入を拒んでいるもの。そのようにして守っている「芯」とは、一体何なのだろう？

五島列島《ごとうれっとう》の最も南に位置する福江島《ふくえじま》に降り立ち、最初の訪問先である堂崎《どうざき》教会に向かう車の中で考えた。

現代の日本において、キリスト教徒は、全人口のおよそ1〜2パーセント程度だという。人口の約3割をキリスト教徒が占める韓国に比べて、極端に少ない。

表面的に見れば、日本にはキリスト教の習俗が浸透しているように見える。クリスマスの時期になれば、街にイリュミネーションが灯《とも》り、クリスマス・キャロルが流れる。人々はプレゼントをやり取りし、恋人たちは「イブ」をどこで過ごすか工夫を凝らす。このような表面的な受容にもかかわらず、核心の部分ではキリスト教の信仰体系は全く入り込んできていない。このコントラストには、深く考え込ませる何かがある。

表面的には浸透しつつ、核の部分では日本の社会に全くと言って良いほど入り込んできていないものは他にもある。例えば、科学的世界観。実験データを重視する「経験主義」や、ある仮説を否定するための手続きを重視する「反証可能性」といった考え方は、日本の社会の中にほとんど浸透していない。ここに、「科学技術立国」日本に関する深いパラドックスがある。

江戸時代、迫害を逃れて信仰を貫いた「隠れキリシタン」[*2]。彼らについて考えることは、すなわち、今日に至る日本人の特性について考えることを意味する。普段意識することのない、私たちの「芯」にある動かしがたいもの。「日本のクオリア」を考える上で避けて通ることのできない問題である。

堂崎教会は、美しい入り江にあった。教会に至る海の道をふち取る穏やかな海。遠浅の水の中に足を浸すと、そのままずっと微睡《まどろ》んでいたくなる。

明治になって、禁教令が解かれ、各地で隠れキリシタンが「発見」されるようになると、教会堂の建設の機運が高まった。福江島にもフランス人宣教師が訪れ、彼らの指導の下、堂崎の教会が建てられた。

キリスト教の「本場」であるヨーロッパの教会建築に比べれば、あくまでもシンプルな作り。しかし、その簡素な姿に隠れキリシタンたちの弾圧の歴史を重ね合わせると、独特の精神性の光を帯びてくる。むしろここにしかない、深みのある魅力がある。

マリア観音像。ロザリオ。お帳箱。自分の信仰を表明できなかったかくも長き時代における、祈りの形の名残を見る。込み上げてくるものがあった。

ヨーロッパの言葉では、「情熱」と「受難」は同じラテン語の語源「パッスス」に由来する。受難することが、彼らの情熱を高めた。深く潜ることで、強度を増していく人間の精神運動。そう思うと、「隠れキリシタン」に惹《ひ》き付けられる理由が了解される。

私自身はクリスチャンではない。それでいて、「情熱」にこそ乾いていたのかもしれない。世界で一番便利な東京という街をさまよい歩きながら、満たされない思いを抱いていたのかもしれない。誰も本気で形《けい》而上《じじょう》学を問題にせず、プリンシプルを持たず、ただあるのは実際的な配慮であり、世間のしがらみであり、「絶対者の審級」を経由しない微温的世界観である。そのような状況に、嫌気が差していたのかもしれない。

ある習俗がどんな背景に由来するかを問わず、何でも許容して受け入れる精神。現代日本の生活の豊かさの一部は、間違いなくそのような「心の広さ」に由来している。同様に、柔らかな軟体動物のような日本の「芯」には、それがキリスト教であろうと、あるいは科学主義であろうと、世界を整合的体系の下に理解しようとする営為を拒絶する何かがある。

宿は荒川《あらかわ》温泉の豆谷《まめや》旅館だった。内と外、二つの湯があり、外湯には地元の人たちも来る。和泉丸。共和丸。幸恵丸。脱衣場に、漁船の名前が書かれた洗面器が置いてあった。漁をした後、汗を流すのだろう。引き締まった身体の人が来て、洗面器を一つ取った。海の方から差す光で、浴室がゆらゆらと揺らいだ。

夕食前のひととき、近くの集落を歩く。山から下る流れの畔を遡《さかのぼ》っていくと、やがて寺に出た。墓のそこかしこに花がある。造花ではあるが、色の美しいことに変わりはない。かえってこの世を離れた楽園の気配がする。異郷にさまよい込むような印象がある。

さらに進むと、山道になった。どれくらい奥深くまで通じているのかわからない。薄暗がりに誘われて進む。大きなカニが走る。心細さに、引き返そうかと思った頃にちょうど道が尽きた。戻りながら、再びお寺の墓に花が立ち並ぶ光景を見る。美味しい食事をいただいた。

翌日、立谷《たちや》教会跡地、キリスト教の墓地、井持浦《いもちうら》教会、大瀬崎《おおせざき》灯台、貝津《かいづ》教会と巡る。福江島は入り江が多い。湖かと思うほどに入り組んだ海の表情を見る度に、島がとても好きになっていった。

至る所に花があふれていた。十字架の形をした墓標の前。マリア像の下。祭壇の上。ある時は造花が、また別の場所では生花が、美しい色彩で見慣れたはずの日本の風景に思いもしなかった光輝を与える。花に埋もれた島。福江の印象が生き生きと動き始めた。

その花は、長年秘められた思いから咲き乱れているのかもしれない。神父たちが持ち込んだ習俗に由来しているのかもしれない。いずれにせよ、情熱とともに受難した人たちの島にふさわしい、美しい花々であった。

最後に、水之浦《みずのうら》教会を訪れる。海を見晴るかす丘の上に建つ、白亜の姿。信者たちに祈りの時間を伝える鐘塔《しょうとう》を見上げると、屋根の上にも十字架があった。

もはや帰る時が来た。車が空港に着き、チェックインをする。気配は次第に消え始める。飛行機に乗り、住み慣れた大都会の雑踏の中に戻ると、花々はすでにかすかな記憶となり、目の前の実際的な配慮が心を占める。

花に埋もれた島に出会い、日本の「芯」を思う。遠くからしか見えない「真」がある。時代の歯車は回る。人々は行き交う。それでもなお、私たちは皆、それとは知らずに包まれてある。

＊1
キリシタン大名

キリスト教の教義や、他のキリシタン大名の人徳（特に高山右近）に感化され、自ら入信する大名がいる一方、宣教師が提示した南蛮貿易や武器の援助などの見返りを求めての入信や領地内布教の許可も少なくなかった。

＊2
隠れキリシタン

江戸幕府によるキリシタン禁止令の後、強制改宗により仏教を信仰していると見せかけたキリスト教信者、明治6年に禁教令が解かれた後も、江戸時代の秘教形態を守り、カトリックに戻らない信仰者の2種類を指す。

第三章　歴史のクオリア

アイヌ民族の聖地　北海道知床半島

どこにいようと内にある

本当に大事なものは、密《ひそ》やかに隠れてある。そんなことは、とうに知っていたはずであった。

かつてアーティストは、この世で一番美しいものは、人の心の中にあると言った。心の中にあるものが、そう簡単に見えるはずがない。手にとって「ほら、これ」と差し出すことなどできない。

聖地というものは、わかりやすい形で提示されているとは限らない。聖地は、本来人の心の中にある。そのことが自然に納得されるような時間の流れこそは僥倖《ぎょうこう》である。

少年の日、父と北海道を旅行した時、確かあれは上川《かみかわ》で、「アイヌ村」のような所を訪ねた。伝統の衣裳を着た人が歩き、チセ（家）も建っていたのではないかと思う。いわゆる観光施設ではあったが、純粋な姿をしたものの気配が心に残った。何よりも、包む空気が違っていた。

ずっと後で、大人になってから、旭川の神居古潭《かむいこたん》を訪れた。水が蛇行し、木の葉がさざめいていた。

目を凝らし、耳を澄ませ、風の中に何かをつかもうと試みた。出会うことが叶《かな》わぬ何かが向こうからやってくることを、ずっとずっと待っていた。

それ以来、未だ向き合えていないものが絶えることなく心に残っている。折に触れ愛読してきた知里幸恵《ちりゆきえ》の『アイヌ神謡集《しんようしゅう》』に収められたユーカラ*1に、その何ものかの面影を見る。

「銀の滴《しずく》降る降るまわりに、金の滴降る降るまわりに」

梟《ふくろう》、狐、蛙、兎。清澄なもの。煌《きら》めくもの。夜の闇のように深いもの。胸の奥底からこみ上げてくるもの。上川のアイヌ村でかつてよぎったもの。あきらかに、モノに属するのではない。下手をすれば、コトに宿るものですらない。それは、悠久の時間の中で様々なものがそこにしがみついてきた一つの土地にこそ付随するものであろう。

それがこの地上のどこにあるのかはわからないが、もし、「聖地」というものに出会ったとしたら、その時基準になるのは内なる感覚の揺らぎだと信じている。私は、自分の内なる風の爽《さわ》やかさによって、それを知ることだろう。

「聖地」とはきっとある感受性のことであり、「気付き」のことである。触媒するものとの出会いがある時、私たちの感性は開かれる。いつもよりも青空が高く見えた時、そこに聖地が出現する。そして、「こんなものだ」と思っていたこの地上が本来は汲《く》み尽くせぬ豊饒《ほうじょう》さを秘め抱いていたことを、ようやくのことで感謝をもって思い出すのだ。

知床《しれとこ》半島西岸のウトロに、アイヌの聖地を訪ねた。

案内してくださったのは、アイヌ・アート・プロジェクトの早坂雅賀《はやさかまさよし》さんと、NPO法人知床ナチュラリスト協会の西原重雄《にしはらしげお》さん。アイヌの血を引く早坂さんは、伝統を生かした工芸品を作っている。一方の西原さんは、先住民族の研究に取り組み、知床にエコ・ツーリズム＊2を根付かせようと活動を続けている。

ウトロの街中にある早坂さんのアトリエで、私たちは出会った。「シカリ・チセ」という大きな木の看板がある。見ているとぐるぐると回り出しそうな円模様が踊り出しそうなリズムを作る。

早坂さんは、青いバンダナを頭に巻いている。髭《ひげ》をたくわえ、木彫のように美しい佇《たたず》まいで立つ。

「それじゃあ、行きますか」

森を出た風がそのまま通りを抜けていくかのようにさり気ない、それでいて力強い早坂さんの言葉の勢いに押されるように、私たちは車に乗り込んだ。

まずは「城柵」を訪れるのだという。「チャシ」という耳慣れないその音が、私の魂を誘う。

車は、海岸沿いの道に停《と》まった。見上げると、小高い山がある。聖地はこの山の中にあるらしい。

森を前にして、儀式があった。自然の中に分け入る前に感謝とともに安全を祈願する。早坂さんを手本にして、追いかける。まずは手を前に出し、合わせ、左右にやさしく揺らす。それから、光を受けるように手のひらを上に向ける。両手を顔に近づけ、やがてゆっくりと胸に下ろした。

儀式とは不思議なもので、実際的な視点からは要らないもののようにも思われるが、いざ実行してみると心理的にどうしても必要なものだったということがわかる。その手続きを踏まないと、風が吹かない。あたかも、文明をそこで脱ぎ捨てたかのようである。

登っていくのは、けもの道。かすかに見えるその痕跡《こんせき》を頼りに、土を踏みしめ、草の匂《にお》いを嗅《か》ぐ。そうやって、自らを重力に逆らった上昇運動の中に置く。次第に視界が開けてくるのを背中で感じた。

早坂さんが捧《ささ》げ持つ琴のようなものに目が惹《ひ》かれた。「トンコリ」という楽器だという。私たちを包む緑の爽やかさがいよいよ増してきた頃、早坂さんがギターのように抱いて弾き始めた。

音が風そのものであるように、静かに渡り、伝わっていく。耳を傾けているうちに、心が未知なる森になじんでいくのがはっきりとわかった。静寂に溶け込んで、私たちが闖入者《ちんにゅうしゃ》であるという意識が薄れていく。

「やり方を教えてもらって作ったんですよ」と早坂さんは言う。西原さんが語る知床におけるエコ・ツーリズムの歴史に聞き入っているうちに、急な斜面をこなしていった。

随分と大きな倒木がある。この前の台風でやられたのだという。まだ生々しいが、そのうちゆっくりと時間をかけて土になじんでいくだろう。

カナダの森では、倒木は森の看護をする「ナース・ウッド」と呼ばれるのだという。開高健《かいこうたけし》がかつて言っていた。あなたの人生には、ナース・ウッドがありますか。そう、希代の作家は問いかけていた。

自らの骸《むくろ》の上に、苔《こけ》が生え、キノコが宿る。朽ちていく組織が栄養分となる。虫たちが宿り、水を吸って貯《たくわ》える。死後もその有機のプロセスは続いていく。

表現は行動の果実である。最近、しきりとそのようなことを考える。お前は、大都会の中で、文明に浸り、一体どれだけのことをしているのか。森の中で根を生やし、思い切り丈を伸ばし、光を受けて葉を繁らせる。そのような「生涯」の果てにナース・ウッドとなって大地に還っていく。そんな樹木の生涯に比べて、お前の人生はどうか。

日常に還った時のために、聖地巡礼はある。開かれ、もみほぐされた精神が、見慣れてありふれた風景を素敵な場所に変えてくれる。過去は二度と戻らないが、脳の中でゆったりと育っていくことができる。中心から周辺まで。典型から意外に至る。しみ込んだ日本のクオリアが、私の中で銀の滴となり、金の滴に変わっていく。

たどり着いたその場所は、オホーツク海を見下ろす崖の上だった。空気が澄み渡り、光がその透明な空間の中に回り込んで、きらりきらりと輝いていた。その煌めきが心の中に入って一体化した時に、「城柵《チャシ》」は私の聖地となり、日常に持ち帰るべき宝物となった。

早坂さんがトンコリを弾き始める。白い枯れ木が大らかな空に向かって斜行している。

「オジロワシがとまる木なのです」と西原さん。溝が発見され、所在が明らかになったこのアイヌの聖地。かつては、海岸を見張っていて、鯨が打ち上げられた時などはいち早く知らせあっていたのだということ。

山を下りる。カミキリ虫に遭う。早坂さんが、緑の光の中に溶け込む。

海岸に至って、後ろの崖《がけ》を振り向いた時に事件は起こった。一瞬のうちに、白と灰色の点が交錯する。

「ああっ」

西原さんが叫び声を上げた。

理解は視覚現象に遅れてやってきた。カモメが一羽飛んでいたが、そこにタカがさっと飛び寄った。あっという間につかむと、崖の上に飛び去ったのである。

私の中の、何かが反応していた。良いか。表現は行動の果実であるぞ。大風に倒れる樹木。タカに食われるカモメ。これらの命に比べて、お前の命はどれくらい震えているか。行き交っているか。沁《し》み渡っているか。

無明《むみょう》の中からこの世に産み落とされたその時から、私の中で不定形の軟体物としてうごめいているもの。その密かに隠れているものは、どこにいようと私の内側にあるはずだ。

カモメがタカにやられるように、聖地に貫かれてこそ本望である。腐葉土はやわらかく、都会のコンクリートは足裏に硬い。ビルは倒れず、苔やキノコは育《はぐく》まれない。偶有性の自然誌から遠く離れた場所で、再びやさしくそして密やかに「貫かれる」いつ来るかわからない瞬間を待つ。

＊1
ユーカラ
本州東北部から北海道、千島列島、樺太を生活圏としていた北方先住民族、アイヌ民族に伝わる神話や英雄の事跡を謳うアイヌ語の叙事詩の総称。アイヌは文字を持たないため、口承で伝えられてきた。アイヌとは人間の意。

＊2
エコ・ツーリズム
当初は発展途上国の自然保護における資金調達手段であり、単なる観光やボランティアではなく、環境や社会的なものまで含めての生態系の維持と保護を意識し、地域社会の発展への貢献を考慮したツーリズム、とされる。

三内丸山遺跡　青森県青森市

やがて土に還る

どうにも貧乏性で、どこかに出かける時は必ずと言ってよいほど他の用事もついてくる。縄文の遺跡を訪れる前日、八戸《はちのへ》で学校の先生たちを前に講演した。その際、最初に挨拶《あいさつ》に立った先生の言葉遣いに、胸がざわざわと揺らされた。

ぶっきらぼうで、いささか率直すぎるきらいがある。その一方で音楽的で、耳に心地よくさえあり、時には胸の奥にぐっと迫ってくる。

どこかでこれに似た経験をしたな、と記憶をたどって行って思い出した。アイルランドのダブリンで開かれた会議のこと。地元の大学教授のスピーチがリズミカルにして文学的で、ひどく感心したことがある。さすがは、ジェームズ・ジョイスやオスカー・ワイルドを生み出した風土。文化的伝統というものの不思議さを思い知らされた。

青森には、アイルランドに似たところがないか。太宰治《だざいおさむ》や寺山修司《てらやましゅうじ》のような文学者がいる。さいはての地、古き文化の記憶。三内丸山《さんないまるやま》を始めとして多数存在する縄文時代の遺跡が、今日に続く豊《ほう》饒《じょう》なる水脈へと誘う。

八戸から特急に乗り、降り立った青森は折しもねぶたの熱気に包まれ、街全体がどことなくゆらめいていた。これこそ縄文そのものだと、案内人が言った。現代の日本人の中にも確かに流れてはいるが、文明の中で何重にも折り重なって包み隠されてしまっているもの。古層を明らかにするには、様々なものを剥《は》がし取って行かなければならない。

縄文の本質は引き算にあると悟ったのは、新潟県の十日町《とおかまち》＊1で火焔式《かえんしき》土器を見た時だった。縄文中期に由来し、国宝に指定されている文物では制作時期が最古の器。見つめている内に、燃え上がる炎は決して「具象」ではなく、むしろある高度な「抽象」の結果としてそこにあるということが腑《ふ》に落ちた。

古《いにしえ》の人たちは、夜の闇の中で苦労して手に入れた炎を見つめ、そこに抽象数学のごとくうごめく自らの心の襞《ひだ》を投影していたのではないか？　やがて今日の機械文明として開花することになる人間の精神運動の萌芽《ほうが》が、すでにそこにあったのではないか。

思い込みを捨てなければ、本質は見えない。縄文に至る道は、現代人が持ってしまったいにしえに対する様々な思い込みを捨てる中にある。

初めて見る三内丸山遺跡は、立派な建物が立ち、鋼鉄やガラスや電子的情報網が張り巡らされて、包み込む空気自体がキラキラと現代の文明の気配に満ちあふれていた。

建物を抜けて、原っぱに出る。あちらこちらに復元された住居群は「純正」な設《しつら》いの内に作られ、このような場合にしばしばありがちな「まがい物」感は希薄だった。とりわけ、屋根が地面と一体化し、草が生えて「塚」と化している家は、ほれぼれとするような佇《たたず》まいで離れがたかった。

縄文の同時代までタイムトリップすれば、素材の真新しさは今と変わるはずがない。そもそも、「古色」というものは年月の経過がもたらす幻のようなものである。何千年も続いた「縄文時代」というかくも長き時間の流れをひとまとまりに認識すれば、そこに古が立ち現れる。しかし、その時に生きていた人にとっては、古も何もない。ただ、懸命に生きる「今、ここ」があるだけのことである。それは、平成の御世に遺跡に立つ私と変わることがない。

彼らは、自分たちの生きる時代が後に「縄文」と呼ばれることにだって、もちろん自覚的であったはずがない。火焔式土器を作った名もなき人は、それが後の国宝だと思って手を動かしたわけではあるまい。「縄文」にも「国宝」にも、生のもろもろをひとまとめにしてえいやっと飛び越える跳躍があり、ちょっと湿っぽい暴力がある。それでも、そのようにして立ち現れる「古色」というものに、私たちは心を惹《ひ》かれる。

そして、現代のこの私たちの生活も、やがては古色を帯び始めるのだ。

地面を覆う形で建てられたドームの中に入り、発掘当時の状況をそのまま残した形でむき出しの土を見いだした時、私は、「ああ、ここにあった」と思った。
現代人の私にとっての縄文のクオリアの芯は、まさに土の中深く埋もれているものだった。普段は陽の目を見ることもなく、現代の文明の利器たちと行き交うこともない。空気に触れることで、いにしえは現代の意識と混じり始める。土の中からその一部を覗《のぞ》かせた土器たちは、何とも言えない美しさに満ち、ひょっとしたら、私たちの目に触れない地下の世界こそが最も麗しい魂の場所なのではないかと予感させる。

地面の中に埋もれていることで、全てのものは浄化される。私たちの心の中の縄文の姿は、土の作用の結果である。してみると、いわゆる「タイムカプセル」の本質はそこにあったか、と考えているうちに訪問の時間が尽きた。

車で小牧野《こまきの》の環状列石[＊2]を見に行く。森の中の細い道を抜けて、畑の奥へ奥へと行き詰めたところに、その場所はあった。座り込み、石々の並びの精妙を心に響かせているうちに、私は再びアイルランドとケルト的なるものに思いを馳《は》せていた。

私たちは縄文人の末裔《まつえい》として、この慈しみと不可思議に満ちた地上でつかの間の生を営み、やがて土に還る。人もその生み出す文物も、そうやって古色を帯び、浄化される。

蟬時雨を浴びて立ついにしえの石列を眺めながら、これらのものたちが土に隠れていた時代もあったに違いないと思い至った。

埋もれてこそ輝きを増すものが、この世にはあるのだろう。

＊1
火焔式土器
火焔土器。縄文時代中期（約5500〜4500年前）を代表する縄文式土器の一種で、燃え上がる炎を象ったような形状の土器を指す通称名。信濃川流域の新潟県、長野県、阿賀野川流域の福島県での出土が多く、装飾性豊か。

＊2
環状列石
石を環状に配置した古代の遺跡で、世界中に分布する。日本では主として青森県、秋田県、北海道を中心に発見されている。大きいものでは直径30メートル以上あり、墓や祭祀場など、その用途や目的には未だに謎が多い。

地中への回帰

母の故郷が小倉なので、九州の風土には子どもの頃からなじんでいた。「九州弁」というのはこういうものだ、とわかったような気になっていたが、実際には九州の中でも土地がかわれば言葉が違うらしい。

熊本の夜を、若社長とその先輩格の熟年社長、二人の社長と過ごした。「茂木さん、熊本は、言葉の国なんですよ」と若社長が言う。

「席などがとってあることは、『とっとっと』と言います。冬など隙間《すきま》風が吹いて寒い時は、『すうすうすう』と言うんです」

小さな缶は「カンカン」であり、大きな缶は「ガンガン」だと言う。なるほど、子どもの頃夏休みを過ごした小倉で、そのような言葉を耳にしたことはない。オノマトペに対する感性は、意味から浮遊するだけに固有のものになりやすい。

一つの言葉が、忘れがたい土地の印象へと誘うことがある。「トンカラリン」という名の不思議な響きの遺跡を見ることになった。「謎の隧道《ずいどう》遺跡」というだけで、詳しいことがわからない。その故事来歴に目を通しても、さっぱり印象が焦点を結ばない。

穴があり、そこに石が落ちる時の音が「トンカラリン」。だから名前をそういうと渡された資料に書いてある。「トンガラリン」ではなく、「トンカラリン」。「カンカン」と「ガンガン」の類推でいけば、繊細にして密かな場所に相違ない。

いろいろ想像していたら、そわそわしてきた。こんなに、謎との出会いが待ち遠しいのは久しぶりである。遠足の前の晩のようにごろごろと何回も寝返りを打ち、そのうち意識は暗闇に包まれた。

目覚めると世界も私の心の中も明るくなっている。菊水《きくすい》町が隣の三加和《みかわ》町と合併して和水《なごみ》町になった。町役場の前に小塚がある。教育委員会の益永浩仁さんが到着する。「懐中電灯をお持ちですか」と聞かれて、ないと答えると、車は再び役場に至る坂道を降りていった。

かの松本清張《まつもとせいちょう》が「トンカラリン」は「卑弥呼《ひみこ》の鬼道《きどう》」であるとの説を唱え、一大ブームが起こった。その後、排水路であるという説が生まれて沈静化したが、最近の調査でまたわからなくなっているという。

その正体不明の遺跡が、里山の中にある。家もあれば生活道路もある。道ばたの溜池を指して、これが遺跡の一部ですと告げられる。溝が這《は》い、460メートル上まで続いているとされるその構造の大部分は地中にある。穏やかな日差しに照らされて色づく柿が眼に快い風景。その下に、意図を持って掘られた眼に見えぬ穴がある。その目的が何であったにせよ、現代の旅人はそれを知り得ない。だとしたら、ありったけの心をもって向き合うしかない。

過去の来歴を取りあえずは棚上げにし、「今、ここ」で自分の中に立ち上がるものに向き合う。意識と無意識の狭間に感じられる様々なクオリアを信じる。これが、「クオリア原理主義」の考え方である。「卑弥呼の鬼道」だと証明されたから、ある感慨が浮かぶのではない。自分の五感に託されたもの全てをその限りにおいて引き受けること。そんなある意味では無防備なやり方で、「トンカラリン」を体験したいと思った。

その名が由来する穴の下には、裂け目がある。意外なほど深い地の割れ目の中を慎重に歩く。天井石で覆われた、高さ7メートルの溝。「ここがコウモリ採りの穴です」と頭上が照らされた。地元の人は、そこからコウモリが出てくるというのでそう呼んでいたという。子どもは待ちかまえ、捕まえて遊ぶ。

キクガシラコウモリが一頭、天井石からぶら下がっているのが見えた。その先には、もう立っては進めない。四つん這いになって、暗闇の中を行くしかない。

途中でトンネルが曲がり、地上に出られるのだという。20メートルだとわかっていても恐ろしい。通過儀礼である。

もともと、人間の思考は輪廻《りんね》転生《てんしょう》に似ている。古い思考が消滅し、新しい考えが生まれる。自分の能力を十全に発揮することを怖れる「ヨナのコンプレックス」[*1]は、旧来の自分が消滅する怖れに由来している。

そう簡便に怖れてはいけない。そろそろと進む。途中で、腰がつかえるような気がして心臓がドキンとした。膝《ひざ》が泥だらけになるが、そんなことは構わない。とにかく、生きるため、進むためには必死である。

やがて、明るい四角の窓が見えてきて、どんどん大きくなった。這い出して、地面に両足を付けたとき、どんなもんだいという達成感とともに、今自分が通ってきた隧道に託された古《いにしえ》の人の思いの深きを感じて胸が震えた。

奇跡はそこにあった。トンカラリンの出口には、黄色い蝶が数羽、たわむれるように舞っていたのである。かつて訪れた沖縄の世界遺産、斎場《せーふぁ》御《う》嶽《たき》では、蝶は死んだ人の魂であった。あの時の黄色い蝶が私の魂の抜け殻でなかったはずがない。そう思わなければ、トンカラリンに申し訳ない。

夢かうつつか。ぼんやりと揺られながら移動する。山鹿《やまが》市にある装飾古墳[*2]。赤や黒が鮮やかな幾何学的模様に、かつて地下世界に込められていた濃密な精神世界を思う。

チブサン古墳は、出産後の母乳が良く出るようにという乳房の神様として信仰されてきたという。人間は地球という巨大な土塊の上にかろうじて二本足で立つ儚《はかな》き存在。土から生まれ、土に育てられ、土に還る。

土にこだわっていては、とても現代生活は営めない。それでも、土の中には通過儀礼があり、深遠なる抽象的幾何がある。地中への回帰が人間の切なる衝動の一つであることを、私はもはや疑わなくなった。

＊1
ヨナのコンプレックス
求めていたものが手に入りそうになったり、願いが叶いそうになると、不安を覚えてその成功を手放してしまう、あるいは自己の能力の実現を恐れること。預言者ヨナ（旧約聖書）が、自分の使命から逃れたことに由来。

＊2
装飾古墳
北～中部九州を中心に見られる独特の古墳。石室壁面に赤、青、緑、黒、灰、黄、白などの顔料を使い、同心円や三角文、菱形文などの幾何学模様や、動物・植物・人間などを象ったものなどさまざまな意匠を施した。

『平家物語』と屋島　香川県高松市

純なる生命のクオリア

自分が生まれた国のこととは言いながら、「日本」の本質がどこにあるかということがそう簡単にわかるはずもない。何しろ、相手は空間的に広大である。しかも、時の流れとともに歴史の実態は霧の彼方にぼやけていってしまう。

明治維新の際、一度は過去を断ち切ろうとした私たちの祖先。進んだ西欧に追いつき、「文明開化」を成し遂げるためには、過ぎし時を賛美することは慎まれた。「富国強兵」のかけ声の下、何としても前のめりに未来へと向かわなければならなかった。

過去との断絶は、先の大戦の後にも繰り返された。「温故知新」のうちの「温故」は封印された。私たちは、新しい思想の移入を急いだ。いつしか、自分たちの文化的伝統を賞賛する外国人に対して、はにかみの表情を見せるのが日本の知識人の習い性になった。

歴史はめぐり、私たちは今、イデオロギーという「様々なる意匠」の桎梏《しっこく》からようやく自由になりつつある。生命が本来持っている、ゆったりとしたリズムで自身の姿と向き合おうとしている。今こそ、平常心のうちに日本を再発見する時機が熟したのだ。

日本とは何かを解き明かすことは、本来的に「不良設定問題」である。本質とは流れ動くもの。どう転ぶかわからない「偶有性」に満ちた何ものか。「日本」を大文字で立ち上げてしまってそれを崇《あが》めては、生を全うすることから遠ざかる。「温故」を忘れがちだった往時と対極の過ちに陥る。過去を固定的にとらえることで、私たちは生命原理から離れてしまうのだ。

一国の文化の精髄は、容易に表現することなどできない。言葉にならぬその本質に向き合う一つの方法は、意識の中を行き交う「様々なるクオリア」に真摯《しんし》に向き合うことである。クオリアは一つひとつが歴史の産物である。クオリアに向き合う時、私たちは「今、ここ」に何ものかをつなぎとめると同時に、「今、ここ」に至る歴史の総体をも引き受けるのだ。

暗闇に光る蛍を見た時に日本人の心の中に喚起されるクオリアには、歴史的に蓄積されてきた重層的な文脈がまとわりついている。

「もの思へば沢の蛍もわが身よりあくがれいづる魂かとぞみる」

*1和泉《いずみ》式部《しきぶ》による有名な和歌。有史以来の長い時の流れのうちに、どれほど多くの恋人たちが暗闇の中、身を寄せ合って蛍が乱れ飛ぶのを見つめてきたことであろう。谷筋を舞う蛍を見て死んだ「おっ

かさん」を思い出す。小林秀雄《こばやしひでお》による、未完となった『感想』の冒頭。読み継がれる名文に、私たち自身の親に対する想いが重なる。そのようにして様々な経験が一人ひとりの脳の中に蓄積され、編集され、集合して一つのクオリアに結実していく。

折り重なって生きる数多《あまた》の人々の経験が蓄積し、伝承され、次第に蒸溜されてやがて純粋な姿となる。クオリアは、決して完成されず、変化し続ける。だからこそ、寄り添うことは生命原理に近しい。接して雷に打たれたように自身の中で変容する何ものかがある。歴史において培われたクオリアと、私たちとの出会い。時代を隔てたその遭遇のうちに、生命は深い所でざわめくのだ。

鎌倉時代に成立した『平家物語』は、精妙なクオリアに満ちている。[*2]安徳《あんとく》天皇の入水を描いた「先帝身投げ」の場面。平家一門とともに落ちのびて壇ノ浦《だんのうら》に至った安徳天皇が入水される。聴く者読む者の胸は締め付けられる。

「あの浪の下にこそ、極楽浄土とて、めでたき都のさぶらふ。それへぐしまゐらせさぶらふぞ」

わずか八歳で「浪の下なる都」へと旅立たれた安徳天皇をお送りする言葉。日本の文化の中に脈々と流れる「もののあはれ」の系譜に触れる思いがする。無限の星空の中に打ち震える芥子粒《けしつぶ》のような自分自身の魂の所在を感じる。

「祇園精舎の鐘の声、諸行無常の響きあり。沙羅双樹の花の色、盛者必衰の理をあらわす。おごれる人も久しからず、ただ春の夜の夢のごとし。たけき者も遂には滅びぬ、偏に風の前の塵に同じ」

『平家物語』の全編を通してそこにあるのは、決して「運命からは逃れられぬ」という消極主義ではない。それは、私たちが投げ込まれたこの世界に関する冷徹なる現実認識である。人間はその本性として、一つの麗しき理想の中に永遠を願う。しかし、不滅を擬制《ぎせい》する限り、「生命」というものから離れていってしまう。

「たけき者も遂には滅びぬ」。世代が交代するということこそが生命の本質。自然のありさまを見れば、かたちあるものは壊れ、生ある者はやがてはかなくなるのが世の常である。だからこそ、『平家物語』の中に表出する震える原形質に、私たちは純なる生命のクオリアの姿を見るのである。

私は仕事で高松にいた。「あれは何だろう」。車窓からふと見た風景の美しさに、息を飲んだ。心を惹《ひ》かれた。それが、「屋島《やしま》」だと知った時に、一つの衝撃が走った。それは、ここにあったのだ。

秋深く、色付いた木々の上に岩が見える。岩の上には緑の冠がある。全体として成立する精妙なバランス。その姿に、不思議な既視感（デジャ・ヴュ）があった。

平氏の軍が源氏に追い立てられて、逃亡した場所。安徳天皇が落ちのびていかれたその地。佐藤継《さとうつぐ》信《のぶ》が討ち死にし、那須与一《なすのよいち》が扇の的を見事に射る。まさにここにおいて。

古戦場が美しくなければならない道理はない。命を落とす者の無念さと苦しみが、舞台の壮麗さによって霧消するわけではない。それでもなお、現実の屋島の姿を前にすると、源平の古戦場はやはりこのような姿をしていなければならないと思えてくる。

ああ、ここにあった。色付いた葉が、にじみ出る血のようである。時間の経過が刻々と切迫して、解消される先を探している。たとえ、それがこの世ならぬ極楽浄土であっても。

美というものの作用の底知れぬ恐ろしさと限りない福音は、この一点にある。死にゆく者が意識の明かりの中で最後に見た光景が美しいものであるとしても、現世の利便にはつながらない。そこに救いがあると感じるのならば、「美」は畢竟《ひっきょう》極楽浄土の幻視と同じ場所から生まれてくるのだろう。

当時は文字通り「島」として分かれていたが、現在の屋島は埋め立てで地続きになっている。「屋島ドライブウェイ」に入る。あっという間に、ありきたりの観光地の文法の中に包まれる。

平家と行動をともにした安徳天皇は、屋島の戦いを逃れた後、壇ノ浦で帰らぬ人となった。皇位を象徴する「八咫鏡《やたのかがみ》」、「八尺瓊勾玉《やさかにのまがたま》」、「天叢雲剣《あめのむらくものつるぎ》」の「三種の神器」のうち、天叢雲剣は壇ノ浦の戦いで海中に没して失われたという伝承がある。

それは、単に源氏と平家の間の覇権争いというだけではなかった。日本という国自体のあり方が根底から揺るがされる大事件だった。だからこそ、源平の合戦は「日本のクオリア」の芯の部分にある。

「源平屋島古戦場」の表示板に車を停め、ゆかりの地を見下ろす。誤って弓を海に落とした義経《よしつね》が、弓が弱いのを恥じて危険を冒して太刀《たち》で払い、拾い上げた「弓流し跡」。平家が定めた皇居の総門の跡。平家が軍船を隠した「船隠し」。

次々と車が停まり、記念撮影をしていく。案内板を見て、ああそうかと肯《うなず》く。そして立ち去る。現代という時代精神そのものは、源平の昔のそれから遠い。つなぎとめるものはむしろ自らのうちにこそあることを不可思議に、またありがたく思う。

屋島寺に詣で、お遍路さんたちの姿を拝する。源平合戦の際、刀を洗って真っ赤に染まったことから「血の池」とも呼ばれる瑠璃宝《るりほう》の池の畔《ほとり》を歩く。

山を下りて、通りかかったうどん屋に入る。自分で具を載せ、薬味をかける。讃岐《さぬき》特有のセルフサービスの店。

このあたりは、源平ゆかりの地。しかし、観光客が来るような店ではない。お昼時。普段着の人たちが次々とやってきては、うどんをすすり、帰っていく。親しみある温かさの中に、平和な時に生きることのありがたさがある。

突端の鳥居をくぐり、お地蔵さんを賛美し、瀬戸内の海を見た。そうやってぐるりと回ってたどり着いた屋島ケーブルは停止していた。数年前に廃されたのだという。

生きるものの末路は、いつも哀しい。平家の運命は、私たち一人ひとりの姿である。しかし、大自然の循環は、物質の新陳代謝の中に死者たちをよみがえらせる。

海沿いの壁に、地元の子どもたちが一生懸命に描いたのであろう。「げんぺいがっせん」とあった。おそらくは安徳天皇の崩御時と同じくらいの年頃の幼子たち。

生命のクオリアは、常に危うさとともに輝く。古戦場にはかえって命の気配が満ちるのは、決して逆説ではない。

＊1
和泉式部
平安時代中期の女流歌人。冷泉天皇皇子・為尊親王、その弟宮・敦道親王との恋愛を『和泉式部日記』に綴った。敦道親王の死後、藤原道長の娘・一条天皇中宮彰子に仕え、紫式部・伊勢大輔らと宮廷サロンを構成した。

＊2
安徳天皇
平清盛の娘を母に、清盛を祖父に持つ。政治の実権は清盛が握る形で、わずか2歳で即位。源義仲の入京によって屋島へ行宮を置くが、源氏の軍に破れて海上へ逃れ、壇ノ浦での敗北後、祖母の腕に抱かれ8歳で入水した。

東京大学総合研究博物館分館　東京都文京区

連綿とつながる生命

降る雪や明治は遠くなりにけり

*1中村草田男《なかむらくさたお》の名句に触れる度に、亡くなった祖父のことを思い出す。明治の人だった。キセルを吹かしながら、相撲中継を見るのが好きだった。お風呂に入りながら、「知らざあ言って聞かせやしょう」などと、お気に入りの台詞《せりふ》をうなっていた。

歌舞伎というと江戸のイメージが強いが、河竹黙阿弥《かわたけもくあみ》作*2『青砥稿花紅彩画《あおとぞうしはなのにしきえ》』における白浪五人男の一人、弁天小僧菊之助を当り役とした五代目尾上菊五郎《おのえきくごろう》が活躍したのは、明治のことである。明治三十年代に生まれた祖父にとっては、弁天小僧の名台詞は子どもの頃の流行歌のような感覚だったのかもしれない。

明治を思い起こさせる風景は街から少なくなった。丸の内からも駅舎を除けば赤レンガが消えた。

それでも、東京大学の本郷キャンパスには、過ぎ去りし時代を偲《しの》ぶ縁《よすが》がある。

学生時代、胸にうつうつとした思いを抱きながらやたらと歩き回った。いかにも時代がかったレンガの建物。赤門や三四郎池といった、加賀前田家上屋敷の名残。当時の私は古《いにしえ》のことなど考えもせず、前のめりで未来に殺到していく現代風の青年のつもりでいた。

理学部だったから、小石川植物園にはよく行った。桜の季節には、皆で歩いて行って花見をした。精子発見の銀杏《いちょう》の横を抜けると、そこに大きなすずかけの木があった。梢を見上げながら、うわぁと足もとが揺らぐような思いがして幹にしがみついた。

その頃、ガールフレンドは、折に触れ「あなたは子どもよ」と言った。ボクはもっと大きな木になりたいと思った。でも、遅きに失した。

冬になると、鈴のような実が上から落ちてくる。ほぐすと、小さな種がたくさん散らばった。研究室に持ち帰って、鉢植えにして芽を生やした。水をやる量を間違えて枯らしてしまい、「だから駄目なのよ」と怒られた。そんな日々の中で、見上げると樹皮が冬の山脈のように映るすずかけの木を、ずっと心に抱いていた。

何時《いつ》の頃からか、過ぎ去った自分の学生時代と、漱石《そうせき》の『三四郎』を重ねるようになった。だから、事実はそうでないのに、明治の疾風怒濤《どとう》を実際に経験したような気持ちに時々なる。

「今論文を書いている。大論文を書いている。なかなかそれどころじゃない」

三四郎に向かって嘯《うそぶ》く与次郎のような大言壮語を、友人たちと交わしながら歩いたあの頃。もう決して戻らないという意味では、私の過去は明治の古と同じ現象学的な場所にある。

冬の気配が強まる、曇り空の週末。何かに再会し、目を開くために、植物園を抜けて、東京大学総合研究博物館小石川分館を訪れた。

池の向こうに見える、赤い建物。人生の青い春に見たものは、特別な姿で心に焼き付けられる。梅の花が咲く頃、敷物の上に車座になる人たちのにぎわいに包まれながら、遠くに望んだ。旧医学校関係だとは知っていたが、中に入れるなどと思ったこともなかった。

世俗の塵《ちり》にまみれてあたふたと手足を動かしているうちに、赤い建物は博物館になっていた。助手の藤尾直史《ふじおなおふみ》さんが案内して下さる。歩き、眺め、聞いているうちに気分がひんやり、そして凜《りん》としてくる。

標本。測定機器。模型。肖像。文明開化の、生き生きと落ち着かない、しかし希望に満ちた息吹。再び『三四郎』が連想される。春のごとく動き、電燈があり、銀匙があり、歓声や笑語があり、泡立つシャンパンの杯がある。そうしてすべての上の冠として美しい女性がある。そんな華やかな明治の御代の息吹とは無関係に、穴倉の下で半年余りも光線の圧力の試験をしている野々宮君の世界。かつて、私はその穴倉を確かに知っていた。

思えば、偉大なる「キャッチアップ」の時代だったのだろう。徳川二百五十年のまどろみから覚め、西洋という強大なる「他者」と向かい合った、歴史上希に見る「真実の時」。その頃に生きた人たちの活力が、現在の私たちを映す鏡となる。

「これらは、廃棄処分にされようとしていたのです」と藤尾さん。明治の人は江戸を忘れようとし、今私たちは明治を小説や歴史書の中に押し込めようとしている。

現代のスクラップ・アンド・ビルドの文脈の中に置けば埃《ほこり》まみれの無価値物でしかないものが、関係者の善意と創意工夫によって美しく保存され、よみがえる。そしてずっと続いていく生命の中に大切な響きを差し入れる。

明治の学問近代化の証人たちは、今や難民となり、旧医学校の建物で息を潜めて「世が世なら」を夢見ている。欧州の影響を受けて作成されたハイカラな国産の機器に、江戸時代から綿々と続く職人たちの技を見るとき、日本が近代化に成功したその本当の理由がありありと心に伝わってくる。そうやって博物館は教育し、そして感じさせる。

小石川植物園のすずかけの木は、年を重ねて次第に上へと伸びていった。古の文物も、きちんと保存され、私たちの脳裏に重層的に蓄積されることによって、徐々にその姿を変えていくのであろう。ゆっくりと時間をかけて出で立ちを変える「表象の錬金術」。思い至った時、私の脳裏の青春時代の記憶のもはや骨董《こっとう》のごときその有り様が限りなくいとおしくなった。

もはや懐かしくも手の届かない遥かな古に属しているものたち。私の心の中の「植物園」、「博物館」で磨かれ、生きのびてきたさまざま。そこには三四郎がいて、美禰子《みねこ》がいて、風呂で歌舞伎をうなっている私の祖父がいる。その陰影の織りなしに、今の、そしてこれからの自分の姿がありありと映る。

＊1
中村草田男
1901年、清国（現中国）福建省廈門にて清国領事・修の長男として生まれる。東大入学後、高浜虚子に師事。「降る雪や」の句は明治が終焉を迎えてから24年後、2・26事件のあった昭和11年（1936）に詠まれたもの。

＊2
青砥稿花紅彩画
盗賊「白浪五人男」の活躍を描き、5代目尾上菊五郎の出世芸となった。「稲瀬川勢揃いの場」で「志らなみ」の字を染め抜いた番傘に、男伊達の扮装に身を包んだ5人の名乗りには、歌舞伎の様式美が凝縮されている。

京都の奇跡

その近辺で育った以外の人にとって、京都の初体験は「修学旅行」だということが多いのではないか。

ご多分に漏れず、私の場合もそうだった。中学校2年の冬、仲間たちと新幹線で出かけた。金閣寺、銀閣寺、清水寺、比叡山など、今から考えるにずいぶんと結構な場所を回ったはずだが、あまり強烈な印象がない。

たとえば三十三間堂については、確かに行ったはずなのに、一体何を見ていたのかと思う。三十歳の頃に再訪して驚いた。木造二十八部衆立像に圧倒された。とりわけ、婆藪仙人《ばすせんにん》像の迫真の表現には感銘を受けた。老人の姿が、まるで本当にそこにいるかのように息づいている。西洋も東洋もない。

普遍的な表現がある。中学生の私は確かにその前を通り過ぎたはずだが、もったいないことに、何も覚えていない。過去の自分を呪《のろ》いたくなる。

京都という場所は、それを観照《かんしょう》する者の精神的な成熟を試すようなところがある。「京都適齢期」とでもいうものがあるように思う。自らの姿を鏡に映すように、人生体験が深い分だけ奥行きを見せてくれるのである。

「相対性理論」を築き上げた天才物理学者アルベルト・アインシュタインはかつて、「ある人の成熟は、その人が自分自身からどれくらい解放されているかによって測られる」という警句を吐いた。自分の置かれている状況をどれくらい客観的に見ることができるかということで、精神的に成熟している度合いが推し測られる。

京都へ旅するということは、「現代」という時代の限定から解放されることである。文明の恵みを受けつつ暮らしている私たち。その「現代」から一度は離れて自分自身を見つめることで、私たちは「今、ここ」の生をより充実させることができるのである。

生命の営みは、それが継続する時間が長いほど、複雑で多様なものを育む。ボルネオ島などの東南アジアの熱帯雨林は、世界で最も生物多様性が高い地域の一つだが、同時に世界最古の生態系でもある。人の社会も同じこと。継続すれば、それだけ、様々なものが抱かれる。

７９４年、桓武《かんむ》天皇による平安京への遷都《せんと》以来、明治の初めの天皇の東京への行幸まで、京都は１０００年以上にわたって皇居が置かれた日本の中心であった。例外は、１１８０年に数ヶ月の間置かれた「福原京」だけである。まさに「千年の都」。京都の本質を見きわめることの面白さもまた難しさも、そのかくも長きにわたる歴史の中にある。この都の中には、うっそうと繁った熱帯雨林のように、流れた時間の長さにふさわしい複雑で豊かな関係性のネットワークが築き上げられているのである。

京都がかくも長く「都」であったということ自体が、日本の歴史を読み解く上での鍵の一つである。その時々の実質的な権力者は替わっても、朝廷の権威と伝統は尊重されてきた。源頼朝《みなもとのよりとも》が鎌倉幕府を開くに当たって援用した官位は、律令には規定のない令外官《りょうげのかん》の「征夷大将軍《せいいたいしょうぐん》」だった。8世紀末の大伴弟麻呂《おおとものおとまろ》や坂上田村麻呂《さかのうえのたむらまろ》に遡《さかのぼ》る古い地位を復活させたのである。以来、徳川幕府第15代将軍慶喜《よしのぶ》まで、日本の武家政権は歴代朝廷による「征夷大将軍」というお墨付きの下に統治することになる。

羽柴秀吉《はしばひでよし》も、同じく令外官の「関白」の地位に就き、加えて朝廷から「豊臣」の姓を賜った。実力で覇権を握った武士たちが、それでもなお京都の朝廷の権威を尊重した姿勢の中には、どこか頑《かたく》ななまでの強い意志が感じられる。そのような日本の歴史の継続性ゆえにこそ、京都はその内に複雑で豊かな「文化の生態系」を抱く、類《たぐ》い希《まれ》な古都となった。京都が今日に至っても日本の象徴たるゆえんである。

京都を代表する旅館「俵屋《たわらや》」の設《しつら》いの一つひとつの背後には、それを支える職人がいる。注文に応じてこしらえたり、修復したり。そのような匠《たくみ》の技のネットワークがなければ、「俵屋のクオリア」

は生まれ得ない。

寺社の佇《たたず》まい、料理屋の美味、祭りの風情。今日の京都の魅力をなす要素のどれをとっても、関係する様々な人たちの網目のようなつながりがなければ成立し得ない。そして、そのような文化的生態系の多様性を育んだのが、1000年にわたる歴史なのである。

京都の本質が長い時間の中で培われたものであるからこそ、その奥深い魅力に子どもの頃はなかなか気付かないのだろう。自らの生の歳月を重ねることによって、人は初めて歴史というものを味わうことができるようになる。仲間たちと比叡山の猿を見て騒いでいた中学生の私には、京都の豊かな文化的生態系を育んできた時間の流れの重みを理解する準備が出来ていなかった。

京都を巡る歴史の最も驚嘆すべき点は、力だけではなく「美」もまた支配の根源であったということである。天下統一を成し遂げて並ぶ者のなくなった秀吉も、[*1]聚楽第《じゅらくだい》という美の殿堂を作らずにはいられなかった。聚楽第から移築されたと伝えられる[*2]飛雲閣《ひうんかく》が、当時の美意識を伝える。

権力者たるもの、「力の支配」だけではなく、「美の支配」をも行使しなければならない。そうでなければ、本当に人々を「おそれいらせる」ことはできない。このような世界観が朝廷を尊ぶ意識と結びついた時、一つの類い希なる町が出来上がった。まさに「京都の奇跡」である。

自分の人生を一生懸命に生きた分だけ、京都はその魅力を開いてくれる。自分の脳の中に蓄積された経験を京都という奇跡のなせる「鏡」に映し出すためにも、折に触れ「大人の修学旅行」に出かけたい。

＊1
聚楽第
関白の座に就いた秀吉の政庁兼邸宅として1587年に完成。瓦に金箔を貼るなど絢爛たる邸の敷地内には、側近はじめ千利休などの屋敷も作られた。秀吉の隠居後は甥の秀次に譲ったが、秀次の切腹後に邸も破却された。

＊2
飛雲閣
金閣銀閣と並ぶ京都の「三閣」と称される三層柿葺きの楼閣建築で、聚楽第から移築されたと伝わる。3階には摘星楼と呼ばれる展望室、1階は池から舟で出入りする舟入の間を持つ、左右非対称の変化に富んだ建築物。

第四章　美術のクオリア

長谷川等伯『松林図屏風』　東京都上野公園

悔恨は甘美な気配

日本人は、自分たちの可能性の中心を、本当にわかっているのだろうか。自分自身の来し方を振り返っても悔恨がじんわりと沁《し》みだしてくる。

青年期は西洋かぶれで、日本は文化的に二流国だと本気で思っていた。自分の生まれた国のことを、できれば隠したい、忘れたいと念じていた。

それが、[*1]小津安二郎《おづやすじろう》に出会って変わった。『東京物語』を見て、いても立ってもいられなくなって新幹線に飛び乗った。映画の面影を求めて、尾道《おのみち》の坂道をさまよった。切なくて、恋しくて仕方がなかった。

日本の中に、ヨーロッパの最上の伝統と並べてもひけをとらないような素晴らしい文化がある。それが、二十代も半ばを過ぎてからの一つの「発見」であったとは、何という奇妙な人生だったのだろう。

「日本」と和解して、自分を育んでくれた大地を、ようやくのこと肯定できるようになった。だから、父祖が松阪出身で、かの本居宣長《もとおりのりなが》の縁者でもある小津さんは、私にとって生涯忘れることのできない恩人である。

まだ純然たる西洋かぶれだった学生の頃、大学の近くにあった上野公園をよくさまよった。恋人と手をつないで歩いたり、酒を飲んで意味もなく全速力で疾走したり、思いに任せぬ難しい問題を考えながら、ぶつぶつ言ってそぞろ歩きしたりした。

その頃、野口英世《のぐちひでよ》の銅像があったかどうかは、実は余り記憶していない。散々迷った末にサイエンスを自分の人生の確固とした芯にしようと決意した今は、近くを通る度に見上げる一人の偉大なる先達の縁《よすが》となっている。

*2長谷川等伯《はせがわとうはく》の『松林図屏風』を最初に見たのは、その上野の森の中にある東京国立博物館においてだった。たくさんの余白を残した構図の中に、濃いや薄いのさまざまの松を配したこの記念碑的作品の前で、私は動けなくなった。

なぜ、悔恨は少し甘美な気配に包まれているのだろう。心の中にかすかな痛みを残して去っていってしまったものが、やがて、胸をとろかす何かへと変わっていく。『松林図屏風』もまた、等伯にとって無念にも過ぎ去りし何かの象徴ではなかったか。

松の枝ぶりの一つひとつが等伯の胸の中で悔恨の風を受けて、かすかに、注意深く見なければ気付かぬくらいさやかに揺れていた。私にはそう思えてならない。

西洋かぶれの青年期には、絵の見方一つ、全くわかっちゃいなかった。だから、展覧会に出かけるといつも気まずかった。

事前の知識なしに訪れたプラド美術館で、ボッシュの『快楽の園』にでくわした。当時の自分が世界で一番好きだった絵と対面して、私はどうしたらいいのか、わからなかった。ゴヤやベラスケスを一通り見て、また戻り、それでも足りずに振り返って、気分をモヤモヤさせたまま出てしまった。太陽が眩《まぶ》しかった。

他の絵など全て捨ててしまってもいいから、自分の愛するものの中に没入してしまえば良い。そんな流儀をようやく学んだのは、留学中の大英博物館においてである。

パルテノン神殿にあったというケンタウルスの彫像に惹《ひ》き付けられ、何回も通った。どうしても、自分の魂のど真ん中に、あの力強い裸像を据え付けて、ありありとよみがえらせてやりたかった。ロゼッタストーンとか、ミイラとか、そういったものは全て吹っ飛ばしてケンタウルスに直行し、じっと見つめ、その名残を消さないように一切何も視野に入れずに出口に直行する。そんなやり方を編みだした。

何のことはない。融通の利かないイノシシのようなものである。

『松林図屏風』を初めて見た時、それが大切な絵になるということは一目でわかった。去らなければならない時に至り、後ろ髪を引かれた。再びまみえた時、がんとして動かなかった。立つ位置を変え、色んな姿勢を試しながら、自分の意識の中からクオリアのさまざまが生成される様子を、泉からわき出る水を見つめるがごとく眺めていた。

一時間経ったのか、二時間だったのか、目を離すと、自然にほうとため息が出た。ついに離れた時、アタマ全体が、まるで石炭の粉を入れて赤熱させたようにぽかぽかしていることに気がついた。『松林図屛風』が意識の中に生成させるクオリアを味わうためには、実物の前に立って魂をとどまらせるしかない。そのことについてくだくだとここで語りたくはない。

一方で、クオリアの生成原理そのものについては、永遠に不完全であるべく運命付けられながらも、言葉を尽くすことができる。

時は過ぎ、還らない。振り返ることすらできない「心理的現在」が、サヨウナラを言いながら私たちの魂に残していくかすかな痛みと甘美な残響。それがクオリアである。

こんなことを書くと、もはや通常の科学主義の枠をはみ出してしまっていることはわかっている。知ったことではない。最近ベルクソンを読み返していて、近代合理主義の無反省な適用が、いかに私たちの魂の躍動を狭きに閉じこめているかということを改めて悟った。

日本のクオリアの妙《たえ》なる調べを知らなかった青年期の私は、繭《まゆ》の中に入っていたのだろう。突き破って飛び出してみたら、そこには古来綿々と続く母なるものが両手を広げて待っていた。

その大切な「母」を、凝り固まった文脈の中で風化させたくない。それが私の現在の偽りのないありったけの思いである。どうなるかわからぬ偶有性の海へと開いてしまうことで「日本」という大切な贈り物を陳腐な標本などにせぬ手だてが見つかるはずだ。

上野の森をさまよっていた学生時代に比べて、これから衰えていくかもしれないものが情熱と覇気であるならば、私は『松林図屏風』の中に吹く風に裸身をさらして、決して忘れなどするものかといつまでも嘯《うそぶ》いていたい。

＊1
小津安二郎
庶民の日常の哀歓を描いた飾らないストーリーと、絵画的な様式美とで世界的な評価を得た映画監督。代表作は1953年公開の『東京物語』。ほかに『生まれてはみたけれど』、『晩春』、『麦秋』など多数の作品がある。

＊2
長谷川等伯
能登・七尾で仏画師として活動後、30代半ばで上京。千利休らとの交流から、50代には狩野派と対抗しうるほどの勢力を築く。最も人気の高い『松林図屏風』は、期待をかけていた息子に先立たれた晩年の作と推定される。

円山応挙と大乗寺　兵庫県香住

麗しき心残り

山陰《さんいん》には、それほど何回も行ったわけではないが、訪れる度にいつも独特の空気感に包まれる。私にとっての山陰には、いつも明るい「心残り」がある。奥底にまで滲《にじ》み入る大切な魂の糧であるにもかかわらず、残念ながら今までの人生の中で十分に親しみ尽くせなかったもの。そのような日常の中で忘れかけていた得も言われぬクオリアが、山陰の地には満ちているのだ。

鳥取駅から山陰本線に乗り、ゆったりと春爛漫《らんまん》の緑野を行くと、東京ではもう散ってしまった桜が満開で並木をつくる。ぽつりぽつりと民家が見える山裾の心地よい日だまり。こんな風景がまだ日本にあるなんて、と魂が猫踊りをしているうちにいつの間にかうとうとした。

今年の桜は、十分に味わうことができなかった。花見の季節は雨ばかりだったし、仕事も忙しかった。その心残りが今こうして山陰の地に実体化しているのだろうか……。

ふと気付くと、ホームの標識に「餘部《あまるべ》」とある。はっとして、立ち上がり、窓の外を見ると、列車がちょうど*1餘《あまる》部《べ》鉄橋を通過した。

以前、京都から山陰本線を北上した時には福知山《ふくちやま》で乗り換えて天橋立《あまのはしだて》に行った。餘部まで足を延ばしたかったが、果たせなかった。だから、名高きトレッスル橋を渡るのは生涯初である。架け替えの計画があるようだから、上から家々の屋根を見下ろす風景を目に焼き付けることができたのは僥《ぎょう》倖《こう》だった。

それにしても、なぜあの時ふと気付いてホームの標識を見たのか、不思議である。うとうとする中で、脳裏に浮かんでいたのは桜花のことばかりだったのだが。

香住《かすみ》駅で降りた後も、余韻で何だかぼうとしている。曖昧《あいまい》な顔つきで、車に乗り込んで大乗寺《だいじょうじ》に向かった。

円山応挙《まるやまおうきょ》とその弟子たちの襖絵が沢山あるので、「応挙寺」とも呼ばれている。名高い寺だが、やっと訪問の熱望を果たすことができた。

車を降りて、真っ先に目に入ったのは、石垣の上のしだれ桜。ここにもまた、心残りが追いかけて来ている。山門をくぐると、大きなクスノキがある。樹齢1200年。応挙一門も、かつてこの大木を見上げたことは間違いない。

案内されて、お茶をいただき、お寺の由来を伺っているうちに、何だか自分の吸っている空気の粒までが古色を帯びてきたように感じた。

農業の間、孔雀《くじゃく》の間《ま》、芭蕉《ばしょう》の間、山水の間と続けて襖絵を拝見して行く。金箔を貼り、その上から見事な技法で孔雀と松を描いた応挙の作品。美にのめり込み、心を砕く際の人間としての強度が、現代に住む我々とはそもそも違うのではないか。今では想像するしかない遠い日々の人々の矜恃《きょうじ》に想いを致す。
＊2岡倉天心《おかくらてんしん》が東京美術学校を設立した頃の日本画の絵師たちは、毎日何千本も線を引く練習をしていたという。その話を私にしてくれたのは、「末裔《まつえい》」であるはずの東京藝術大学の学生だが、その彼にとっても、筆一本の動きに全人生をのせていく真剣勝負の時代の息吹は、もはや神話の世界に属するものらしかった。
もっとも、現代の私たちの生命力や美意識そのものは、必ずしも致命的な形で衰えているはずもない。その証拠に、応挙の前に正座すれば魂がちろちろと炎を立てて燃え始める。忘れていた心残りがもぞもぞと動き始める。だからこそ、私は大乗寺に巡礼している。応挙の描いた孔雀の羽根を、食い入るように見つめている。

人間の創造性は、それを発揮して定着させるスペースなしでは、花開くことができない。かつて、1億年以上にわたって地球全体が氷に覆われた「スノウボール・アース」と呼ばれる時代があった。それが終わった6億年前のカンブリア紀に、さまざまな生物種が一斉に進化した。氷が溶けた地球上に誕生した「成長のためのスペース」を、生きものたちは自らの命をさまざまな方向に展開することによって埋めていった。私たち自身が、そのような生命力の爆発の果実である。

江戸時代の絵師たちにとって、自らの「描きたい」という思いを受け止めてくれる設《しつら》いは何よりも大切なものだったのだろう。農家の次男に生まれ、*3狩野探幽《かのうたんゆう》の流れを引く一門に学んだ応挙。その応挙に入門した数々の弟子たち。遠い日の芸術家たちが胸の中に秘めていた情熱や夢が、大乗寺の座敷のような表現の場を与えられることによって一気に開花する。私が前にしていたのは、春が来る度に美しい花を咲かせ、そしてやがて散らせる桜の樹と同じ、生命の狂おしい作用の結実だったのだ。

山陰本線の沿線には、都会にはなくなってしまったくつろぎを醸成するスペースがあった。現代において、魂の奥底に届くような美を育むために、王道は恐らくは一つしかない。魂の灼熱《しゃくねつ》が形になるようなニッチ（生態学的地位）を用意すること。かつて日本の寺社が担っていた美のパトロンとしての役割を、今の日本は誰がどこで受け持っているのだろう。私たちに、それだけの覚悟があるか。

一通り襖絵を拝見した後、再び孔雀の間に戻り、和ろうそくを灯した。西に傾いた太陽の残照が座敷に漏れ入り、それが次第に消えていく気配の中、炎はゆらゆらと揺れて応挙の画業を浮かび上がらせた。

思えば、私は今回の旅の最初から心残りに導かれていたのではなかったか。前へと倒れ込むように暮らしている現代の日々の中で出会った、天上の気配を漂わせる孔雀。そこに至る山陰の旅の軌跡もまたゆかしく、魂が癒されるとは、すなわち、忘れていた大切なことを思い出して、ばらばらになっていた心のかけらがもう一度一つになることなのだと気付かされた。

花を咲かせぬ長い季節に、桜はその黒々とした樹皮の下で次の春の準備をする。応挙の傑作はろうそくの炎で明々とよみがえり、私の中でばらばらになっていた麗しきものの記憶を一つにしてくれた。

＊1
餘部鉄橋
JR山陰本線鎧駅と餘部駅の間にかかる高さ41・5メートル、長さ310・7メートルの鉄橋で、鋼材をやぐら状に組み上げた橋脚が特徴。1912年の開通以来、長く鉄道ファンに親しまれてきたが、架け替え工事が進む。

＊2
岡倉天心
明治時代に活躍した美術家、美術史家、美術評論家、美術教育者。東京美術学校（現・東京藝術大学）の設立に大きく貢献し、アーネスト・フェノロサと共に日本美術の調査に奔走した。著作に『茶の本』ほか。

＊3
狩野探幽
狩野永徳の孫に当たる、江戸時代の狩野派を代表する絵師。早熟の天才として知られ、10歳で徳川家康に謁見。江戸城、二条城、名古屋城などの公儀の絵画制作に携わり、大徳寺、妙心寺など有力寺院の障壁画も手がけた。

応挙・若冲と金刀比羅宮　香川県琴平町

滋味のあるやさしさ

身体が熱をはらんでいる時に寒風の中を歩くと、梅肉がそのまま空気にさらされているような不思議な感覚になる。そのこと自体には、子どもの頃にはもう気づいていた。

もちろん、自分の経験をすぐに言葉にできたわけではない。

表現というものはいつも後からふらふらふらとついてくる。光の背中から、影はゆったりと慕って。ありがとうを言わないで大きくなっていく子どものように。

2月も終わりに近づいているとは言え、まだまだ冷たい空気に包まれた金刀比羅宮《ことひらぐう》は、なぜか至るところ梅の気配がした。実際には開花もしている。しかし、梅の匂《にお》いはむしろ自分の内側からさしているような気がしたのは、前の週に引いた風邪が抜け切れていなかったからであろう。

実際の土地よりも頭の中の観念の方がずっと先にいきいきと動き始めることがある。私の中で金刀比羅さまはそのような場所だった。

　確かに初見であるはずなのに、はるか昔から慣れ親しんでいたような気もする。伊勢神宮や宮崎の青島に初めて行った時には、以前から自分のうちで温めていた印象との相違に驚いたが、金刀比羅さまの風情はなぜかそのまますっきりと入る。

「コンピラ」という抽象化された記号は、どんな表象をも包み込んでしまうのだろうか。私の心の中には一枚の曼荼羅《まんだら》が懸かっていて、その真ん中に「コンピラ」と書いてあるような気もする。そう思って鳥居の横に立つ木の梢を見上げると、子どもの頃あった神社のクスノキと同じものであるようにも思えてくる。

　表書院にあるのは、円山応挙《まるやまおうきょ》の襖絵《ふすまえ》である。虎が人間様よりもむしろ愛らしい精神性を抱いているように見えるのは、画業の手柄であろう。そのつるんと丸い表情の向こう側に、ひょっとしたら、人間と同じような魂が宿っているのではないかしらん。そんな風に思わせるのが、応挙の虎である。

　そもそも、生きものというものは近代的合理主義が措定《そてい》するほどにはお互いに離れていないのだろう。虎の魂を近しく感じ、梅の香りを我が精神の大切な構成物となす。そのような宇宙の「万有」を通底する気配のようなものが、この世の本当のところなのではないかと思う。

　目を閉じれば、案外真実が見える。形にとらわれてしまうと、抽象の世界でつながっているものの関係を見失う。虎も人間も竹もすべて同じだ。ただ、この世における立ち現れ方が違うだけじゃないか。本音のところでそう思う。

記憶の中の、子どもの時の私と、大人となった今の私はきっとつながっている。奥書院の庭の紅梅、白梅の風情を見ていても、何とも言えずしみじみとする。もう大分ほころんでしまっていて、散っている花びらもある。生命の作用が弱まり、死を迎えるその不可逆性の切なさにおいて、動物と植物の区別があるはずもない。無機物もまた同じこと。風が一つそよりと吹くうちに、「やがてはかなくなりにけり」ということだってこの世の中にはあるのだろう。

伊藤若冲《いとうじゃくちゅう》の『百花図《ひゃっかず》』を見るのが楽しみだった。私の心の中の曼荼羅に書かれた「コンピラ」の中で、私は何度この絵を眺めてみたことだろう。

実際に接した名作は私を大いに驚かせたが、なぜ魂が震えたのか、その理由を十全に言葉にすることはきっとできない。影は光の背中を、何年も遅れて追いかけていくしかない。

無重力の空間の中で、花たちが思い思いのポーズをとっているような、そんな絵の数々だった。茎がひょんと曲がって、虚空を走っている。血のように赤い花が密やかに息づく。時間を早回しにすれば、きっと、生命の舞踊を見ることができるだろう。くるくるぐんぐん。花は花のようで、実は花ではない。

白梅紅梅の横の小さな暗がりの中で向き合った植物の姿態のさまざまに、若冲は命をやはり心から愛《いと》おしんだのだとはっきりと悟った。有限の生理作用が、無限の光の粒へと結ばれて永遠の生命を得る。そんなあわいを信じたい。

若冲の『動植綵絵《どうしょくさいえ》』*1に描かれた色とりどりの生きものたちの姿は、『釈迦三尊像《しゃかさんぞんぞう》』とともに相国《しょうこく》寺《じ》に寄進された。そのことを知った時、私は、この奇想の画家に宿った滋味のあるやさしさを感じ取ったように思った。

若冲に出会う度に、愛は深まる。私の中のコンピラさまに、心の中で感謝の涙。

お昼はうどんを食べようと言うので、路傍の民家に巡礼した。一粒の麦もし死なずば。自らは死して、他者を生きさせよ。一見気楽な事象の背後にこそ、しみじみとした生命のクオリアがある。

高松市内に戻る。香川県歴史博物館（現・香川県立ミュージアム）で、讃岐《さぬき》高松藩主松平頼恭《まつだいらよりたか》[*2]が平賀源内《ひらがげんない》[*3]に命じて作らせたと伝えられる。『衆鱗図《しゅうりんず》』を間近に拝見する。

しばらく前に、隣接する玉藻《たまも》公園を歩いたことがある。高松城のお堀には、海水が導かれ、魚たちが泳いでいた。波がひたひたと寄せるそのやさしき空間と、目の前の超絶技巧が重なる。

生命を育むものが愛なのか、愛が生命を生み出したのか。愛と生命の鶏と卵の問題に、若冲と源内の時空を超えた共感の関係が重なる。

時間や空間の隔たりなど知ったことか。そんなものは関係ないからこそ、私は若冲に心動かされ、源内に感謝の思いを捧《ささ》げる。

ゲーテは『親和力』の中で、物質的限定を超えた生命の不思議さを描いたのではないか。命が震えや共鳴に基づかないものならば、私という存在はなぜ今ここにあるのだろう。

不可能を夢見ることでしか、生命はきっと輝かない。若冲や源内のなしとげたことは、不可能を超えた底光りする暗闇の中で、今でもきっとやさしく微笑んでいる。

＊1　動植綵絵

最高級の絹本と顔料を惜しみなく用い、生きとし生けるものすべてに仏性が宿るという釈尊の教えを、魚から貝、鳥、昆虫などで埋め尽くした30幅の絵によって表現しようとした伊藤若冲（P165に注）畢生の大作。宮内庁三の丸尚蔵館が所蔵。

＊2　松平頼恭

讃岐高松藩の第5代藩主。傾いていた藩の財政を再建するため、家臣の平賀源内に命じて薬草の栽培を行わせたり、塩田の開発を行うなど藩政に尽くした、讃岐高松藩中興の藩主。本草学にも詳しい博物学大名として知られる。

＊3　平賀源内

本草学者、蘭学者、医者、作家、発明家、蘭画家で、鎖国を行っていた当時の日本で、油絵や鉱山開発、静電気発生装置エレキテルなど外国の文化・技術を紹介。多彩な分野で才能を発揮し、田沼意次にも目をかけられた。

伊藤若冲と京都 京都市左京区

籠もってこその普遍

京都には当然のことながら何回も出かけているが、私の中から微妙な違和感のようなものが消えない。一つひとつの経験という「点」がなかなか「線」につながってくれないのである。

禅寺を訪れ、手入れの行き届いた庭の前に座ると、忘れかけていた自らの内なる感性が解きほぐされ、開かれていくのがわかる。鴨川《かもがわ》の床に座って鱧《はも》の落としをいただくと、普段とは時間の流れが違う。そんな時、ああ、京都に来て良かったと思う。

ところが、そのような濃密な「点」としての事象が、なかなか一つにつながってくれない。私の中の京都という体験が、かたまりになり、独自の生命を持って動き出してくれるということがない。だからこそ、せっかく京都に接しても、東京での普段の生活を離れて「生まれ変わる」ところまで行かないのだと思う。

見聞きするにつれ、よそ者には計り知れないところのある街である。生まれ育つ、とまでは行かなくても、せめてその中で学生生活でも送らなければ、京都はなかなか胸を開いてその秘密を明かしてはくれない。

日本のクオリアを探究する旅の目的地が、次は京都だと聞いた時、私の無意識の中に、そんな寂しい思いがよぎっていたのかもしれない。今度は果たしてどんな気持ちで京都を去ることになるのか。あわただしい日常は東京に置いてきたつもりで京都駅に立った。

旅の友は、美術ライターの橋本麻里さんと『和樂』編集部の渡辺倫明さん。橋本さんはファウストを旅に誘うメフィストフェレスの役回りだが、根が親切で、美しい思いだけをさせてくれるので有り難い。一方渡辺さんは原稿の取り立てが厳しい以外は至って気のいい男である。

向かったのは、寺町界隈。ただぶらぶらと京都を散歩しよう、というのが今回の見立て。果たして私の中の京都の「点」を「線」につなぐための「賢者の石」は見つかるのか。

荷物をホテルに置いてきたので、身も心も軽い。折しも祭の屋台が出ており、特に目的を持たないそぞろ歩きが心地良い。東京では見ない品揃えもあったが、その一方でどこか慣れ親しんだ光景でもある。

散策の後は祇園《ぎおん》の料理屋で夕食をとるだけのはずである。そこは白洲信哉《*1しらすしんや》さんが時々ふらりと行く店だと聞いた。

信哉さんは高名な祖父母からいろいろな美質を受け継いでいるが、自分のお猪口を持参して使うという習慣も、そのうちの一つなのかもしれない。銀座の「きよ田《た》」で自慢気に取り出すのを見たことがある。

その手つきを思い出しているると、何だか京都を引き寄せられるような気がしてくる。慣れた手ではないが、真似事をやってみたい。

そうこうするうちに、「古美術　佃《つくだ》」に入った。儚《はかな》くも繊細な風情の白い古伊万里《こいまり》の猪口が目に入った。聞くと、無垢《むく》に近いのがもう一つあって、それは別の客が求めていったばかりだという。手の中にあるものは縁に点々と赤茶の斑がある。それも味だ、と包んでいただいた頃から、どうやら調子が出始めた。

「佃」の座敷には、笹百合が一輪活けてある。俵屋《たわらや》旅館の誰だったかの結婚披露で、どうしても桜が欲しいと6月に見事な枝振りのものを取り寄せたことがあると御主人。それはソメイヨシノだったのか、それとも山桜だったのかを聞かずに店を出てしまったことに、祇園に移動してから気付いた。

「らく山《ざん》」のカウンターで古伊万里を取り出し、うっすらと冷たい手触りを楽しみながら料理に向かう。黙々と仕事を続ける御主人の姿の得も言われぬ迫力。「白洲さんは食についてはわがままな人ですね。でもわかっていらっしゃるから、こっちもうれしい」などと言うのを聞いているうちに、万事能率の普段の東京生活から欠けているものに思い当たる。

明けたその日、絵巻物や長谷川等伯《はせがわとうはく》を見てまわり、七条《しちじょう》の「わらじや」でうぞうすいを頂く。細《ほそ》見《み》美術館のカフェで白ワインを飲んでいる頃には、よほど構えもなくなっていた。

館長の細見良行《よしゆき》さん自らが伊藤若冲《いとうじゃくちゅう》*2の『糸瓜群虫図《へちまぐんちゅうず》』*3を掛け、「若冲は最後の町衆でした」と語る。初見ではないが、間近からありありと見つめているうちに、若冲のこだわりが京都そのものであることに気付いてはっとした。

生きとし生けるものへの慈愛と祈りに満ちた若冲の画業は真正なる「普遍」であるが、その美しき小世界が錦小路《にしきこうじ》に立て籠《こ》もった偏屈の人から生み出されたという事実を直視するのは案外胆力のいることではないか。

京都を、魅力的ではあるが時間がゆったりと止まってしまった場所と思っていたところがなかったか。生活空間の細やかな設《しつら》いも、茶道具の洗練も、グローバリズムの嵐が吹き荒れる今となっては麗しき袋小路。そんな風に無意識のうちに思っていたからこそ、京都のもっとも内なる生命運動に接続し損なっていたのだろう。

自らの周囲の狭き世界に沈潜して、心を尽くすこと。独善に陥りやすき道ではあるが、やりようによっては普遍に到達できることを、若冲や等伯は示している。それこそが、京都の「可能性の中心」ではなかったか。

『糸瓜群虫図』に描かれた虫たちの、まるで内側にぎゅんとバネを秘めたような躍動感と、自らの内側にわき上がってきた確信のようなものを共鳴させながら、私はそうだ今度はあの猪口を持って嵯峨《さが》野《の》にでも出かけてみようと思った。

＊1
白洲信哉
日本文化の普及に努め、書籍編集、執筆のほか、さまざまな文化イベントのプロデュースに携わる。茂木氏の友人。父方の祖父母に白洲次郎・正子夫妻、母方の祖父に評論家の小林秀雄を持つ。著書に『白洲家の流儀』ほか。

＊2
伊藤若冲
18世紀京都に生まれ、動植物、とりわけ鶏を好んでモチーフとしたこの画家の絵は、この上なく色鮮やか、そして息詰まるほど稠密に描き込まれ、観る者を魅了する。近年若い世代を中心に再評価の気運が高まっている。

＊3
糸瓜群虫図
画面右上方から吊り下がる糸瓜の奇妙な浮遊感、蔓や巻きひげの執拗な螺旋、曲線志向など、若冲のクオリア満載。『動植綵絵』着手を前にした、いわば習作的な作品。近代の文人画家、富岡鉄斎の手元にあった時期も。

進
丸
贈
因幡茂夫
贈
山根清寛
大田市
進
丸

祝進水
新栄丸
石田造船所
叶大漁
新栄丸
井田造船所
豊栄丸

『青山二郎の眼』展によせて　滋賀県 MIHO MUSEUM

青山二郎とは何者なのか

「僕たちは秀才だが、あいつだけは天才だ」

小林秀雄をして、そう言わせた男。青山二郎。

そのあたりの機微に、私に個人的に思い当たることがあった。学生時代からの畏友《いゆう》が、どこか青山を思い起こさせる。あまりにも鋭敏すぎるがゆえに、かえってどんどん内側に籠《こ》もっていく。ゆえに世間にわかりやすく流通するものに着地しにくい精神の姿。そのような生きる上での息づかいのあり方を、血肉を通わせてありありと思い起こすことができる。

小林秀雄自身は「秀才」と謙遜《けんそん》するかもしれないが、その文章は広く人びとに愛され、深い影響力を与え続けている。対置される「天才」としての青山二郎は、流布している様々な伝説を一つひとつ拾っていってもなお、その本質は顕れぬまま。天の岩戸から漏れ出るものに照らし出されつつ、その光の由来する所そのものを見つめてみたいという願いが募る。

青山二郎はなぜ青山二郎なのか。その本質の隠蔽《いんぺい》という構造に私は惹《ひ》き付けられていた。そもそも、この世の大切なことの様々の起源は、巧みに隠されている。芸術とは、畢竟《ひっきょう》、余りにも見事な起源の覆い隠しを指すのではないか。そして恐らくは人生も。ついには正体を見せずに鬼籍の人となった青山二郎に、その見事な典型がある。

青山二郎が青山二郎たるゆえんを見つけたい。特別展『青山二郎の眼』を見にMIHO MUSEUMまで出かけた（注・特別展『青山二郎の眼』は2006年9月1日〜12月17日まで開催された）。

車で山の奥へと入って行くにつれて、本当にこの道でよいのかと不安になる。もう猿になるかという頃に、やっとたどり着いた。

盟友がその準備に「過去数年、心血を注いだ」と語った展覧会。見に行かなければ、血の気の多いかの男によって乱暴な目に遭っていたかもしれない。それどころか、わが生涯に大きな悔いが残っていたことだろう。

「茶道具ばかりだった当時、中国の『鑑賞陶器』といわれはじめた古美術品を広く紹介し、朝鮮・李朝のやきものや工芸品に独自の価値を見出し、*1柳宗悦《やなぎむねよし》らの民芸運動にもかかわって、日本の古美術界に新風を吹き込みました。じつは、昨今の骨董《こっとう》ブームで、私たちが目にする『名品』のほとんどは、かつて青山二郎が『百万の中から一を掘り出』し、発見したものなのです。」（白洲信哉『天才青山二郎の眼力』編集者のことば　より）

友の言葉を胸に響かせながら、巨大な設《しつら》いの美の殿堂に至るトンネルを抜ける。ゆったりとカーブを描くその道は、彼岸の予感をじんわりとわき起こらせながら、私の視界の中を流れていった。

事情をよく知らぬ私には、骨董の世界もまた、容易に向こうが見通せぬほの暗い道であるように思われていた。青山が、骨董界における革新者だったことはわかる。しかし、骨董の本質とはそもそも一体何だろう。「骨董趣味」という言葉は、揶揄《やゆ》の意味でも使われることがある。青山二郎の正体を見極めるという問題は、日本の文化の血肉をいきいきと蘇生《そせい》することになるまいか。

骨董にはまることは、「憑《つ》き物」のせいらしい。小林秀雄にも、青山二郎を通して何かが憑いた。一方、かくなる私の背中を見返っても、何も憑いてはいないように思えるが、それでいて実は油断ができないのがこの世の中というものである。

世間に流布している思いこみという憑き物から離れてみなければ、本質などつかめるはずがない。展覧会場への階段を登り、最初の二、三点を見た瞬間、「あっ、そうか!」と思った。

どうやら、あの時、世間という憑き物が離れたらしい。骨董の、そして青山二郎の本質の一端がわかったような気がして、本当のことを言えば心が震えた。

展覧会の本体を見るまえに落ちるとは、訝《いぶか》しい話である。それでも、数々の名品をじっくり見ているうちに私の胸に去来したことを振り返ってみると、どうやらあの設い自体が、私の憑き物を落としたらしいということが見えてくる。

青山二郎がマルセル・デュシャン[*2]と結びついたのである。それで、「ああ、書けた」と思った。それからは、美しい色や質感の様々が、心の中にしみ渡っていった。

デュシャンといえば、美術の改革者であり、現代美術の始祖とも言ってよい人である。イギリスにおける美術関係者へのアンケートで、その代表作『泉』が「二十世紀において最も影響力を与えた美術作品」に選ばれた。便器に「R.Mutt」という署名をしただけの作品である。すでにあるものを自らの表現とする、「レディ・メイド」は、「コンセプチュアル・アート」ではない。どんな便器でもよいわけではない。たまたま店で見かけた、ただ一つの便器の有り様に接して、デュシャンは稲妻に打たれたようになった。「まさにこの一つ」でなければならなかったのだ。

デュシャンが生涯に作った「レディ・メイド」の作品は、数少ない。「まさにこの一つ」と思える姿形が、そう簡単に転がっているはずもない。「自分の器」を生涯にたった一つ「レディ・メイド」で表現してもよいと言われたら、毎日足を棒にして探しても、巡り合えるものかどうかわからないだろう。

「朝鮮物第一流のものは焼物、百万中に一つなり」。『朝鮮考』中の青山二郎の言葉は、まさにデュシャンのレディ・メイドのことである。思えば、こんな簡単なことに、なぜ私は今まで気付かなかったのだろう。

青山をして「これさえあれば電話ボックスの中で暮らしても構わない」と言わしめた宋《そう》代の白釉黒《はくゆうこっ》花梅瓶《かめいびん》（銘『自働電話函《じどうでんわばこ》』）を見つめながら、私の精神は大いに響き、鳴った。そんなこんなが、そぞろ歩きをしている間中続いた。

青山二郎の箱書きは、デュシャンの「R.Mutt」である。美というものを成立させる文脈についての私たちの理解が深まれば、骨董は現代美術につながり、青山二郎はデュシャンになり、隠されていたものが新たな光を放つだろう。

この話には後日談がある。東京に帰り、「こんな展覧会があってね、面白かったよ」と青山二郎を彷彿《ほうふつ》させる件《くだん》の畏友に言ったら、即座に「千利休《せんのりきゅう》は朝鮮の便器を茶道具に使っていたそうじゃないか」と返ってきた。

これだから恐れ入る。あんなに頭のよい男がなぜもっとわかりやすい仕事をしないのか不思議だが、そもそも古《いにしえ》より本当のことというのは巧みに世界から隠されているものなのだろう。

隠されているからこそ尊いものがある。そう思うと、青山二郎を巡るさまざまが、愛おしくも切ない姿で再び現れ始める。天の岩戸が開いていく。

＊1
柳宗悦
生活に即した民芸品に注目して、「用の美」を唱え、民芸運動を起こした。1936年、東京都目黒区に日本民藝館を設立。朝鮮の文化にも深い理解を寄せ、当時殆ど省みられなかった朝鮮の陶磁器や古美術を蒐集した。

＊2
マルセル・デュシャン
既成の物をそのまま、あるいは若干手を加えただけのものをオブジェとして提示した「レディ・メイド」を発表。「美術」という枠組みに対する既成概念を破壊し、20世紀美術に決定的な影響を与えた現代美術作家。

第五章　文化のクオリア

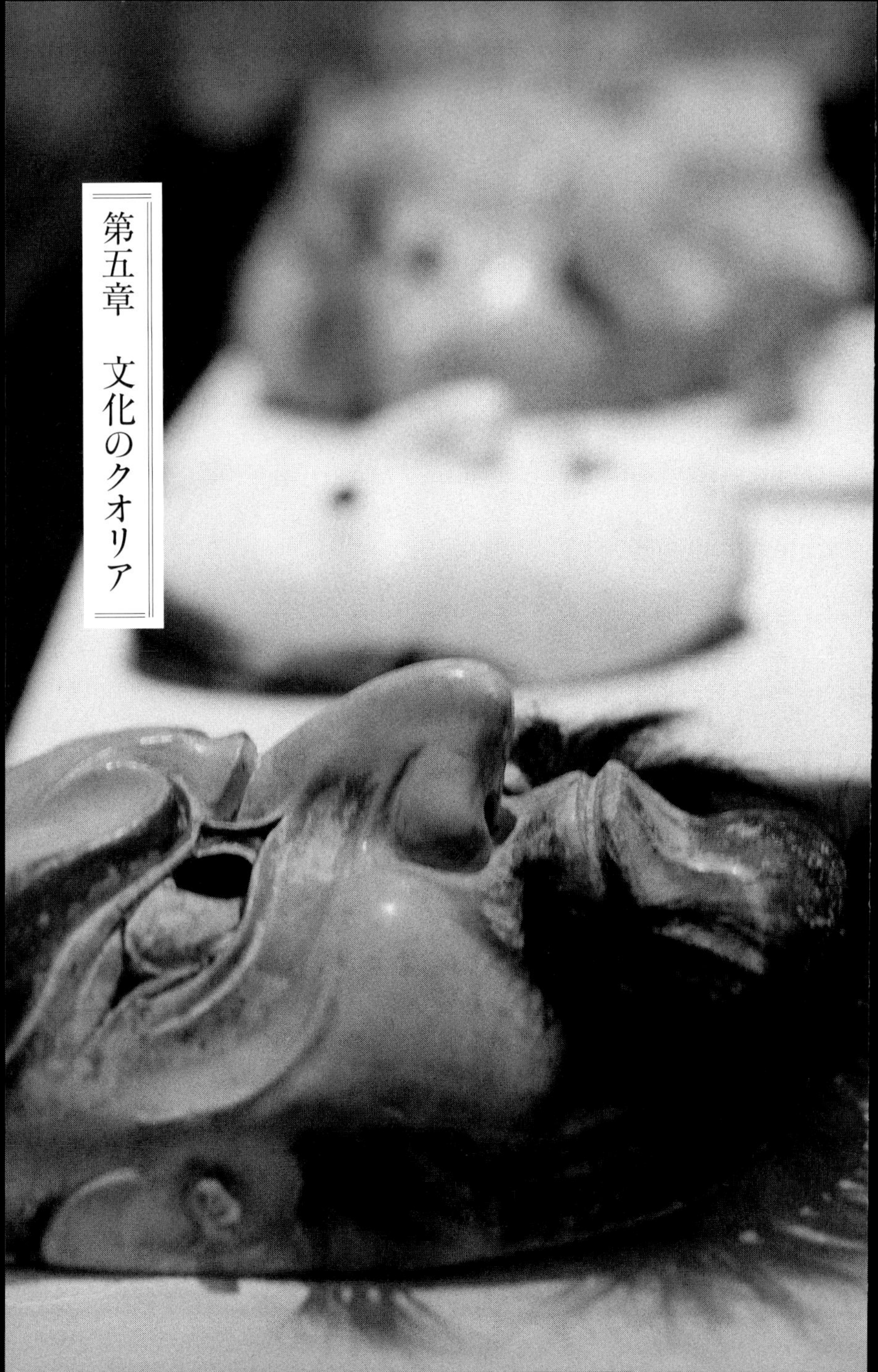

御林守　静岡県島田市

漆には、日本文化のクオリアが潜んでいる

日本というものをどう考えるか、ということについて、私の中ではとまどいがある。というのも、世界的に人やものが流通していく中で、何時《いつ》までも日本とばかりも言っても居られないのではないかとも思うからである。「日本」ということにこだわっていると、現代という時代の中で生きて行くときに感じることの全てを、うまく引き受けられなくなってしまうのではないかと懸念する。そのことを踏まえた上で、「日本」というものについて考えるべきなのではないか。

南の島に出かけていって、風に吹かれていれば、日本なんてむしろ脱ぎ捨てたくなってしまう。椰子《やし》の木の下で昼寝をして、打ち寄せる波の音を聞いていれば極楽である。どこまで行っても人家が見えないアメリカの大平原を車で疾走していると、次第に心の芯がとろけてきてしまって、ああこれぞ人間の生活だ、せせこましい日本なんてサヨナラだ、と思う。ヨーロッパの整った歴史的景観の中を

歩けば、美意識は日常生活の中で鍛えられるものだと再確認する。一体日本の都市計画はどうなっているのか、と思う。

　それでも、日本に帰ってくると、ほっとする。乾燥した気候の土地から帰国すると、日本の湿気の多い空気が鬱陶《うっとう》しくもあり、愛おしくもある。いずれにせよ、自分はここに生まれ、育ってきた。日本とは何かを考えることは、つまりは、自分とは何者であるかを見つめることにつながる。

　自分自身を知ることは、難しい。その姿はようとして見えない。日本の姿も、その中で生き、世界の人々と行き交う自分の姿も、なかなかはっきりとした焦点を結んでくれない。

　そんな中、時々、何かをつかむきっかけになるヒントのようなものが見えることがある。

　イギリスのケンブリッジ大学に留学していて、大学近くの博物館で漆を見た時にも、何かが私の心をよぎった。「JAPAN」という表示とともに展示されているその漆器に、私は一目で魅せられた。宇宙空間そのもののように、見る者を引き込む漆黒。人間の肌のごとく艶《なま》めかしい朱の器。これが、「日本」か、と思っているうちに、突然、忘れていた幼い日の思い出が蘇《よみがえ》った。

　あれは五歳くらいの時だったか。遠くに住む叔父さんを訪れ、皆で旅館に泊まった。古い家で、夕食が高い脚の付いた膳台で供された。器は、かなり使い古された漆だった。もちろん、当時の私にそんな目利きができたはずもないが、父と母が「良い漆だね」と言っていたのを覚えている。「お殿様みたいだ！」とはしゃぐ私の心には、しかし、子供ながらに、膳台の上でつやつやかに光る漆器たちの存在感が、深く刻み込まれていたのではないかと思う。心の背筋がシャンと伸びて、奥の方まで何かがやさしく入ってくる気分になった。あの時のような気分に、外国で遭遇したことはない。だとすれば、あれがまさに「日本」というものなのだろう。

漆の器を眺め、手に持ち、唇にあてた時に感じられる、何とも言えない質感。漆器に色鮮やかな食材を盛りつけた時の、美しいコントラスト。現代の脳科学では、私たちがそのような際に意識の中で感じる質感を、「クオリア」と呼ぶ。

脳の中にある一千億個の神経細胞が活動すると、「私」の心の中に様々なクオリアが感じられる。なぜそうなるのかは、科学における掛け値なしのミステリーであり、その解明を目指して、現在世界中で研究が行われている。

クオリアは、人間とは何か、ということを考える上で最も大切な概念である。人間が体験する世界は、クオリアから出来ている。そして、そのクオリアの宇宙の中に、「日本」もまた密《ひそ》やかに存在しているのである。

クオリアの不思議なところは、それが数や記号で表すことができない点にある。漆の質感一つをとっても、その奥行きは数で測り尽くせる世界ではない。優れた漆器は、簡単には汲《く》み尽くせない深いクオリアの泉である。長年使い慣れた器でも、思わぬ発見がある。そのようなクオリアの深さを実現するためにこそ、漆職人は心を砕いているのである。

最近、静岡の山里の旧家に住む知人・河村隆夫《かわむらたかお》さんの家を訪れた時も、漆についての発見があった。[*1]「御《お》林守《はやしもり》」という役職を代々受け継いできた河村さんは、十五代伝わるという刀を見せてくれた。鞘《さや》の細工が、黒の漆だった。一目見て、私はその何とも言えない質感に魅せられてしまった。木が素材に相違ないが、その成り立ちを超えて、精神の宇宙の中に浮遊してしまっている。現代のプラスティック加工技術が別のルートから到達したような、形と色の自由空間の中にくっきりとその姿がある。

私は、思わず嘆息して、ああ、これならば、ヨーロッパの人たちが漆器を「ＪＡＰＡＮ」と呼んで熱狂的に迎えたのも判ると思った。人間がその心の中に浮かぶクオリアの可能性を探究する旅を続けた果てに見えてくるもの。人類がその全貌《ぜんぼう》をまだ見ぬ素晴らしい世界が、刀の鞘に垣間《かいま》見えたような気がしたのである。

刀の鞘に相当するものは、現代の日本でもあるのではないか。そして、それこそが、「日本」について考える際に大切な何かではないか。たとえば、現代日本を象徴する電気製品を、単に数値で表される機能が詰まった箱として見るのではなく、二百数十年前の漆塗りの刀の鞘とつながる質感の世界にとらえること。あるいは、現代のアニメやゲームのキャラクターの「萌《も》え」感覚を、清少納言《せいしょうなごん》や紫式部《むらさきしきぶ》の古典作品の中に見られるような繊細な感性とつなげてみること。そのような思い切った「補助線」を引くことで、グローバリゼーションの進むこの21世紀の世界における、「日本」のあり方も見えてくるのではないかと思う。

他人にはなかなか伝わらないように見える、自分の心の中に潜む「クオリア」こそが、実は世界への近道となっている。この驚くべき事実の中に、「日本」について考えていくためのヒントがある。

心の奥底に秘められたものほど、普遍性につながる。江戸時代の漆職人たちは、自分たちの追求している質感の世界が、遠く離れたヨーロッパで「JAPAN」として熱狂的に迎えられるとは思っていなかったろう。

他人との行き交いを絶ち、自らの中に籠《こ》もってしまえ、と言うのではない。他人とは、自分のことを映す鏡のようなものである。カリフォルニアの晴れた青空の下で、ビーチ・ウォーキングを楽しむ。バリ島のガムラン[*2]の音楽に酔いしれる。パリのカフェで、友人と語らいの時間を持つ。そのような、「日本」と離れた時間を楽しむことで、かえって、この小さな島国にしかない宝物が美しく照射されてくるのではないか。

日本以外の世界を広く知ってこそ、初めて「日本」のありがたさが判ってくる。私が伊勢神宮の内《ない》宮《くう》のデザイン感覚に衝撃を受けたのは、散々「西洋かぶれ」をした後のことだった。日本に大した文化があるとは、青年期の私は思っていなかった。それが、小津安二郎《おづやすじろう》の映画を見て目を開かされた。その後に、伊勢神宮でとどめを刺された。

生まれて初めて伊勢神宮の内宮の前に佇《たたず》んだ時、私の心の中に感じられたのは、今まで世界のどこに行っても出会ったことのないまばゆいクオリアだった。それは、「日本」とさえ名付けることができない何かであった。宇宙にそれまで存在していなかった元素が不思議な感応によって生まれる、その誕生の瞬間に立ち会っているような気さえした。

伊勢神宮は、「日本」という枠組みさえ超えている。それは、東洋と西洋といった範疇《はんちゅう》の外にある。

しかし、だからこそ、日本にとって掛け替えのない宝なのだと、その時私は確信した。

やたらと、「日本」と言っていると、安っぽくなる。本物は、「日本」というラベルさえ超えている。それは、私たちの日常生活の中に、何気なく潜んでいる。家族と、あるいは親しい友人たちと、夕涼みをしながらふと見上げる月の輝きの中に、日本のクオリアはある。「お月さん」という言葉の美しい響きの中に日本のクオリアはある。

しかし、そのような日本文化のクオリアは、必ずしも、「日本人」にだけ判るわけではない。本物は、必ず普遍性を獲得して世界に伝わる。引き込まれるような漆の色も、それを見る者の心の中に光り輝く新しい元素を誕生させる伊勢神宮も、人類にとって普遍的な価値へとつながっている。私秘的（プライベート）で、他人に伝わりにくいと思われるクオリアこそが、実は広い世界に通じる普遍性を担ってくれている。

だからこそ、私たちは、安心して、自分の心の感じるところに従い、自分に忠実に生きることだけを心掛けていれば良い。漆の器を眺めた時に、心の中に生まれるそこはかとないクオリアに、忠実に寄り添ってみれば良い。

時に異質な他者との出会いがあるからこそ、自分のイメージもくっきりと立ち上がってくる。「日本」について考えるとは、つまり、世界との行き交いの中での、自分自身の何気ない心の動きを大切にするということなのである。日々の暮らしの中にこそ大切な何かが存在する。漆の器にはそんなことを伝えてくれるクオリアが宿っている。

＊1
御林守

城郭や武家屋敷の用材、道路や河川の整備に膨大な木材が必要となった江戸時代、幕府は「御林」と呼ばれる直轄林を制定、持続可能な木材供給のために、御林奉行や御林守といった専門の役人をおいて厳しく管理した。

＊2
ガムラン

インドネシアの各地で発達している伝統的な器楽合奏音楽の総称。元来は、インドネシア、ジャワ島中部の伝統芸能で用いられる楽器の総称で、「ガムル（たたく、つかむ、あやつる）」を語源とし、ほとんどが打楽器である。

「湯宿さか本」　石川県珠洲市

自然の中にまどろむためのテクネ

能登は、しばらく前から心を惹《ひ》かれる場所であった。

私の親友が金沢市近郊の大学に奉職している。彼に会うために、しばしばかの地を訪れた。引っ越してしばらくして、能登半島を北上したところに、「なぎさドライヴウェイ」というものがあって、とても良い所だとしきりに言ってくる。渚《なぎさ》というくらいだから、海岸のすぐ近くを道路が通っているのだろう、くらいに思った。ところが、そうじゃない、海岸が道になっている、そこを走るのだなどと言う。

いくら説明を聞いても納得がいかなかったが、実際に訪問して一発でわかった。舗装された道路が終わって、砂浜が広がる。その何もない平面の上を車が走ってしまう。砂質が良いのであろう。タイヤがめり込むこともない。白線も道路標識もない。適当な場所に停めて眺めれば、目の前に日本海が広がる。波打ち際を千鳥が走る。まさに、なぎさの心地よさである。そこに、日本酒でもあればこの世の天国。この上ない喜びが胸の奥からわき上がってくる。

何を贅沢《ぜいたく》（ラグジュアリー）と見なすかということの基準が変化しつつある。手つかずの自然はタダのようにも思うが、実は無垢《むく》のまま維持するのにはお金がかかる。開発すれば利益を生み出すのにそこを我慢して放置するのだから、機会費用が発生してしまう。都会の真ん中にある大森林が、最高の贅沢となるゆえんである。

もちろん、人間が向き合う以上、文明を全て排除することなどできない。人為を自然に押しつけてしまうのではなく、できるだけありのままに残しつつ、そこに人間の業をひっそりと忍び込ませること。もともと、技術（テクニック）の語源であるギリシャ語の「テクネ」（techne）は、対象に内在する原理を正しく理解して働きかけることを指す。ピクニック・バスケットの中に忍ばせてきたワインボトルを、花咲く草原の中に置いて眺めた時に立ち現れる何か。森の中に消え入るかのように、こぢんまりと立つ小屋。自然に寄り添った控えめな手業こそが、現代におけるラグジュアリーの基準を作りつつあるのだろう。

なぎさドライヴウェイは一つの見事な設《しつら》いである。能登の地には、自然に対して決して押しつけるのではなく、親しく寄り添うテクネが沢山秘蔵されているのではないか。初夏に漆の制作工程を見るために能登を訪れた私の胸にはそのような期待があった。

その取材のスケジュールの中に、フードジャーナリスト・平松洋子《ひらまつようこ》さん*1おすすめの宿「さか本」も入っていた。能登空港から車で40分。すっきりとした美しさの本質を見出《みいだ》すことに長《た》けた平松さんがお気に入りの宿ということで、悪いはずがないとは思っていた。しかし、どのような体験が私を待っているか、精《くわ》しい予見はなかった。

こんなところにまさか旅館が、と思わせるような場所で車は停まった。エンジン音が消えると、もう何にも聞こえなくなった。隅々まで配慮が行き届いた、ゆったりとした作りの居宅。そこが目指す宿であった。

森の中を旅する者が、日が暮れ、困って一夜の宿を乞《こ》う。身体を休めることさえできれば、贅沢は要らないと思うが、訪れたその家の思わぬ趣味の良さに、心が驚きとともに解きほぐれていく。細かいところまで神経の行き届いた主人の歓待に、心のひだからじわじわと喜びが沁《し》みだしてくる。いつか昔話で読んだような、「さか本」はそんな宿だった。

ゆったりとした玄関に入った瞬間から、時間の魔法にかかったようだった。かまど（おくどさん）が設えられ、その横には窪《くぼ》みに水をたたえた台がある。座敷に案内されると、縁側からすっきりとした庭が見え、さてここで昼寝でもしようかと誘われる。いわゆる「旅館」と呼ばれる場所に来ている気がしない。思わぬきっかけで、見知らぬ人の座敷に上がり、居心地が良いので腰を落ちつけてくつろいでいるかのような気分である。

食事の前に、周囲を散策した。家から離れるにつれて、こんなに柔らかかったか、と驚くような薄暗がりに包まれる。「さか本」からちらちらと漏れる光が暖かい。ああ、そこに人の営みがあるのだと頼もしくなる。

ふらりふらりと歩くうちに、次第に「さか本」を囲む自然の表情になじんでくる。お風呂のある側には竹林があって、雛《ひな》むすびのようなやさしい高さの山が眺められた。山の端から月がちらちらと見え隠れし、その光が清々しい。

子どもの頃、日が暮れるまで夢中で遊んで、お腹を空かせて家に駆け込む。あの人生の原初の体験に似た、しかしもっと洗練されて磨き上げられたような気持ちで、食卓に向かった。

谷崎潤一郎《たにざきじゅんいちろう》[*2]のエッセイに、薄暗がりで羊羹《ようかん》を食べる話がある。周囲の空間に切れ目なしに続き、まるで暗闇そのものを食べているかのような気分にさせられるところに羊羹の味わいがある。確かそんな趣旨ではなかったか。「さか本」で供された食事は、谷崎のあの文章を思い起こさせた。素材が虚飾なくそのまま自然と一連《ひとつら》なりで調理され、盛りつけられる。料理が心と心の間に橋をかけ、私たちは話に興じながらも自然の手触りを感じる。

翌朝は早く発たなければならなかった。あわただしくなってしまうので、その夜は駅に近い漆職人の赤木明登《あかぎあきと》さんのお宅にお世話になった。だから、私は「さか本」での目覚めは知らない。

いつか再訪し、あの家の中で眠ってみたい。自然の中でまどろむのにはテクネがいる。きっと、なぎさを彷徨《さまよ》う千鳥の夢を見るのではないか。

＊1
平松洋子
フードジャーナリスト、エッセイスト。アジアを中心に、世界中の人々の暮らしの実感に寄り添いながら、食文化をテーマに執筆活動を続けている。２００６年『買えない味』で第16回Bunkamuraドゥマゴ文学賞を受賞。

＊2
谷崎潤一郎のエッセイ
『陰翳礼讃』の中の著名なエピソード。「人はあの冷たく滑かなものを口中にふくむ時、あたかも室内の暗黒が一箇の甘い塊になって舌の先で融けるのを感じ（中略）味に異様な深みが添わるように思う」

「俵屋旅館」京都市中京区

夢を呼び寄せるために

人は、時に世界に「夢」を当てはめる。未だ見ぬ場所、人を、「こんな風ではないか」と想像してみる。実際に行って見て、思っていた通りの場合もあるが、予想に違うことも多い。

そんな時、「こうではないか」と思っていた仮想の世界に棲《す》んでいたものたちは、あっという間に姿を消していく。きらめきの残像や置き去りにされたかすかな香りも、やがてあとかたもなく無くなる。後には、現実のひんやりとした感触だけが留まるのが通例である。

麩《ふ》屋町《やちょう》通で車を降りると、到着をやわらかく受け止めるかのように声がかかった。男衆の案内で、玄関を上がる。ひと目見て、落ち着いて細やかな気配に魅せられる。玄関に一歩入ったとたんに、まるでいたずら好きの妖精《ようせい》のように様々な「仮想」が消えていく。いつの間にか、私は、現実の俵屋の空間に包まれていた。

部屋に通される。大きく取られた窓から庭を見渡す。誘うように草履が置かれている。心に促されるままに庭に出た。生け垣などが巧みに配置され、隣りの部屋と目線が合わないように工夫されている。庭の結界には小さな戸が設けられ、「その先」の空間へと誘う。突端には青竹がある。限られてはいるが、狭さを感じさせない。「坪庭《つぼにわ》」[*1]など、京都の町家[*2]建築で積み重ねられてきた智恵が生かされている。

部屋に戻る。細かなところまで配慮の行き届いた設《しつら》いに包まれているうちに、奇妙な思いにとらわれた。こうではないかと思い描いていたところの「俵屋」は、小さな妖精たちとなってそこかしこに消えていってしまった。ところが、その仮想の残り香とでも言うべきものが、そこかしこにある。現実と仮想が混淆《こんこう》して、陶然となる。そのやわらかな感触は、掛け値なしに初めての体験だった。

その理由を探っているうちに、思い当たった。こんなところまでと驚くような細部まで、客をもてなす側の心遣いが込められている。設いの一つひとつに、息が通っている。だからこそ、現実と仮想の間に境目がない。疲れた身体を受け止めるやわらかな枕がある点において、俵屋は確かな現実である。それでいて、俵屋は夢のようなあわいの中にも存在している。

細やかな心遣いという点において、思わず唸《うな》らされる一件があった。ノートブックパソコンで仕事をしようと思い部屋を見渡したが、コンセントの差し込み口が見あたらない。バッテリーで作業し、留守の間に充電しようとコンセントを洗面台横の差し込み口に接続して出かけた。

料理屋で会食する。親しい人と過ごす満ち足りた時間。そうやって京都の街を楽しんでいても、

「今日は俵屋に帰るのだ」と思うと、愉快さも倍増する。俵屋がすでに私の「安全基地」になってくれている。

部屋に帰ってみて驚いた。床が延べてある。書き物机の上に、庭近くの壁から延長コードが来ている。そして、いつでもつなげるようなかたちでインターネットのモデムが置かれている。洗面台のパソコンはそのままであった。感心するとともに、考えさせられた。

日本家屋において、コンセントの差し込み口は美観上の難所である。どんなに整った設いでも、電気という現代の生活上の利便を図ろうとするときに、不調和が生じる。

俵屋の差し込み口は巧みに隠されているがゆえに、空間の美的破綻《はたん》が起こらない。洗面台のパソコンを見て、差し込み口がわからないのだと思ったのだろう。だから、必要な準備を書き物机まわりでして下さった。しかし、パソコンそのものを移動させてしまうと少々押しつけがましい。さり気なく示すだけに止めたのだろう。

全てがうっとりするほど肌理《きめ》が細かい。感謝しながら入浴する。風呂場は部屋の角にあった。湯船が、庭のすぐそばに位置する。窓を開けると、手を伸ばせば触れられるほどすぐそばに緑があった。虫の音が聞こえる。さわやかな風が吹いてくる。地上に、こんな場所があったとは。

心を込めて設う時、現実は仮想に近づく。夢を呼び寄せるために必要な営為を思い、感謝の念が込み上げた。

＊1　坪庭
立て込んだ密度の高い都市空間で採光、風の通り道を確保し、かつ心身の健康さを保つために作られた1坪程度の小さな屋外空間で、大規模な町家に多い。また玄関から裏庭までの土間の部分は、通り庭と呼ばれる。

＊2　町家
主に京都の職住一体型の住居形式で、平安時代中期ころより発展し、江戸時代の中ごろには現在残る形にほぼ近いものとなった。町家の立地する敷地は、間口が狭く奥行きが深いため、「うなぎの寝床」と呼ばれる。

旅館「石葉」 神奈川県湯河原

すべてを委ねる愉悦

時を重ねるうちにわかってくることは、人間にとっての愉悦《ゆえつ》の姿は様々だということである。その機微《きび》さえ会得すれば、徒《いたずら》に憤慨しなくなる。こだわりがあるにせよ、それをリリースすることの喜びをも同時につかむことができる。次第に、融通無碍《ゆうずうむげ》になっていく。理想は、人生という大海の本来のサイズに自分の精神のそれを次第に合わせていくことではないか。

二年間留学し、その後も毎年のように訪問している英国。首都ロンドンの街並はどこも好きだが、とりわけ、オペラ・ハウスのあるコヴェント・ガーデンから中華街が広がるレスター・スクエアは一番のお気に入りであった。

曲がりくねった路地に面した行きつけのイタリア・レストランの壁際の席で食後のグラッパを味わ

う至福の時。液体が揺れるグラスに自分の想いが映る。来し方の反芻《はんすう》が心地よい連想のつながりを生む。時間の流れが、次第に生命のリズムと一致してくる。

かの地におけるレストランの設《しつら》いは、サーヴィスというものはかくあるべきという一つの哲学を表している。イニシアティヴは、常に客の側に預けられている。何をどのタイミングで頼むか。どれほどの時間をかけて食を味わうか、テーブルに座る者の分別が一宵《いっしょう》を形づくるのである。

人間には自分の運命を選択する自由というものがあり、その志向性によってそれぞれの生のあり方を「造成」していくことに喜びを感じる。そのような前提の下に世界を見ている。古代ギリシャ・ローマに始まり、キリスト教の影響を受け、そしてルネッサンスを経て培われた人間観が、美食のかたちにも顕《あらわ》れる。

なるほど、ヨーロッパの学者仲間が意識の問題を論ずる時に、「自由意志」を中心的課題に据えるはずである。そこへ行くと、私たち日本人の意識観は、感覚の方に重きがある。この世のありさまを観照する「私」のその息づきこそを掛け替えがないものと嘆《たん》ずる。行為うんぬんは二の次である。果たして、それは、一つの消極主義であるのか。

そんなことを考えていると、グラスの中で揺れるグラッパが長年の親友のように微笑む。どうやら、酔いが回ったようだ。

時が果て、考えるでもなく一人歩く。孤独な魂を石畳とレンガの街の乾いて冷んやりとした空気が包んだあの頃。

温帯の照葉樹林に覆われ、空気がしんみりと湿った日本の様子はよほど違う。「おまかせ」や「適当にみつくろう」という言葉がやさしく響く島。寿司の名店では、座っていればいつの間にかその時々の旬の肴《さかな》で満たされる。温泉宿では、一度玄関を入ればあとは何から何まで任せておけば良い。心地よい弛緩《しかん》の時が流れるばかりである。

湯河原の「石葉《せきよう》」を訪ねる。平松洋子《ひらまつようこ》さんお薦めの宿だという。源泉が摂氏75度以上のふんだんに溢《あふ》れる単純泉に二十四時間入浴可能である。設いの配慮が行き届いている。そして、何よりも料理が、足すものも減じるものもなく、とても愛らしく趣味が良いのだと言う。

編集の人からそのような説明を受けながら、細かいことは聞かなくても「平松さんがお気に入りの宿」ということで私にとってはもう充分だと密《ひそ》かに考えていた。

平松さんと取材で輪島《わじま》を訪れた時、私は初めて漆塗りの器に心を動かされたのだった。少し大ぶりで、やや丈の高い合鹿椀《ごうろくわん》。能登半島柳田《やなぎだ》村の「合鹿の里」に古くから伝わることから、そのように呼ばれる。もともとは普段使いの椀だが、近頃は人気が出てそれなりの値段がするのだという。

古道具屋で、「合鹿椀の良いもの」を探していると平松さんが宣言した。季節が巡り春の野につくしが伸びてくるように、それは自然の摂理であるかのように感じられた。私は、平松さんに導かれて、いつしか優美な線に寄り添っていた。あたかも、自分自身もずっと前から「合鹿椀の良いもの」を探していたかのように。

あれからずっと心のどこかで求めている気分がある。もし入手したら、お気に入りのお菓子を盛って仕事をしながらつまむとか、あるいは底の方に美味しいお酒を張ってゆっくりと嗜《たしな》んでみようとか、そんな算段さえしている。

そうだ、「鮒寿司」[*1]の味に目覚めるきっかけをいただいたという大恩もある。珍味の誉れ高いが、匂いがきついのだとずっと警戒していた。一度などは、大津《おおつ》で有名な店の前まで行き、グルマンで哲学者の友人にそそのかされるままに買う寸前まで行って、くるっと回って帰ってしまったこともある。

それが、平松さんとご一緒したら、あっさりと口に入れてしまった。もっともらしく曖昧《あいまい》な顔をして、「キュビズムからフランシス・ベーコンに発展する絵画史の味がする」だとか、「初恋の感触だな、これは」などと迷い言まで吐いた。要するに大いに気に入ってしまったのである。

それやこれやで、私は平松さんに心密かに師事していると言えるのかもしれない。もっとも、かの涼しい風情の麗人は、私の思惑などとんとご存じあるまい。いずれにせよ、ご推薦の宿に巡礼である。

秋が深まったとは言え、まだ太陽が空高い昼下がり。大きく「石葉」と染め抜かれた暖簾《のれん》がかかる玄関に近づいた時、すでに心はほぐれ始めていた。

「ようこそ、いらっしゃいませ」

宿の人たちの温かい挨拶《あいさつ》に迎えられる。

「観月庵《かんげつあん》」と号された離れに通される。何日か籠《こ》もるのには適した部屋なのだそうである。もっとも、今回は書くべき原稿も取りたててない。

編集の人が荷物を解いたりしているうちに、床の間にあった掛け軸を拝見する。縦から眺めたり、横から見つめたりするが、どうにもぼんやりして意味がつかめない。

ついには宿の人に教えを乞う。「犬《けん》馬《ば》難《なん》鬼《き》魅《み》易《やすし》」というのは、*2松田正平《まつだしょうへい》画伯が好んで書いた文句だという。

「どういう意味ですか」

「はあ、何でも、犬や馬といった、ありふれたものを描くのは難しく、鬼や魑魅魍魎《ちみもうりょう》のような、想像上のものを描くのはかえって易しい、そんな意味だそうです」

寡聞《かぶん》にして知らなかったが、なるほどと思う。確かに、脳科学をやっていてもそんなことがある。日常の、ごく当たり前の心の働きを説明することが難しい。抽象的な数学などは、かえってその原理を説明するのが容易であるとまで行かなくても、まだ取っつきやすい。学問が進むとは、易しいことが難しいことであると理解するものだという説もある。

そもそも易しいと難しいの境はどこにあるのだろう。今、科学において最も難しい問題は、私たちの日常に溢れる質感《クオリア》がいかにして物質である脳の活動から生まれるかということである。一方で、クオリアとは何かということを体感すること自体は難しくない。水に手を入れれば冷たいと感じ、薔薇を見れば赤いと感じる。考えてみれば、これほど当たり前で、易しいことも珍しい。

この世で一番易しいことと、難しいことは実は一つのことである。そして、その二つを結ぶ節として、「私」が存在する。

そんなことを考えて畳の上に大の字になっていたら、いつの間にか眠り込んでいた。温泉宿の最高の贅沢は、思いもかけず微睡《まどろ》むことである。特に、考えてもすぐには詮方《せんかた》ないことはそうやってフェードアウトするのが良い。

眠りに不意打ちされる。その前後不覚の質もまた、宿の設いに左右されるような気がするのは不思議である。温泉宿とは、ついに、夢見るそのかたちを設計する場所ではなかったか。

お湯に入る。景色の良い露天は何よりの贅沢である。ふんだんに溢れる湯に浸《つ》かり、ひんやりとした外気に顔を出す。手で水をすくい、踊る模様を見つめる。

そうやってやり過ごしているうちに時は満ち、ご馳走《ちそう》の時間になった。

全てを委《ゆだ》ねる。赤子になる。仏教僧は托鉢《たくはつ》で生きる。我もまた。いただいたものを味わい、命と魂の糧とする。よく吟味された、素晴らしい夕食。メニューなどない。あれこれと選択することもない。

平松さん、ありがとう。宿の方々の心尽くしに手を合わせる。

幸せの中に、ロンドンの冷たい空気を思い出した。自分の人生は、選択するのか、託すのか。自由意志も、結局は生命の揺りかごがなければ発揮できない。そして、命の宿る場所は、きっと全てを託すに足る温かい姿をしている。

＊1
鮒寿司
フナを用いて作られる熟れ寿司の一種で、滋賀県の郷土料理。主に琵琶湖の固有種であるニゴロブナを用い、身の内と外を飯で挟んで半年以上漬け込む。発酵による乳酸の酸味と臭気が強いため、好みが極端に分かれる。

＊2
松田正平
50歳を過ぎて世に認められた遅咲きの洋画家。生涯絵肌の美しさを追い求め、透明感のある独特の作風を生み出した。ユーモアのある軽妙なタッチが、美術評論家の洲之内徹や、随筆家の白洲正子らから高く評価された。

「招福楼」　滋賀県東近江市

内に留まりたるのみ

時間が経つほど、次第に印象がくっきりと鮮明になってくる時と所がある。

かつて訪れた八日市《ようかいち》の料理屋で過ごしたあの時間がそうだった。駅から歩いて行くと、思わぬほど近くにそこはあった。座敷に上がると、白い砂利の庭が見えた。若い人が水を撒《ま》いてぺこりとお辞儀をした。夏の日差しが海辺のように照り返されて軒下で揺れた。舌鼓を打ちつつ、ついでに酒をしこたま飲み、昼間からゆで蛸《だこ》ができあがった。

その招福楼《しょうふくろう》にまた行くという。誘われてから、再びその感触が心の中でちろちろと這《は》いずり回り始める。かつて灼熱《しゃくねつ》のうちに舌の先にかすかに感じられた冷たい水菓子の甘みがよみがえる。

旅は名料亭にて終わるが、いきなりそこに入り込むのではない。その前に、秘仏を拝観するという次第。御馳走《ごちそう》の前にお参りは付きものである。気持ち良く精進落としと行きたいと願い、心をちょっと引き締める。

尼子《あまご》の駅を降りて、西明寺《さいみょうじ》へ向かう。階段を登り、苔《こけ》に当たる太陽の美しさに見とれているうちに、白昼夢の内にいるようになった。

周囲の風景を眺めているようで見ていないままに、かつて訪れた様々な場所の面影を追い求めていた。今ここで見聞きしていることよりも、想い出される経験の方が純粋に感じられる。琥珀《こはく》色の酒が樽《たる》の中で熟成されるうちに次第にその性格を明らかにしていくように、記憶もまた、月日の経過とともにはっきりとした姿を取りはじめる。

過ぎ去った時に属しているものたちは、もはや動かし難いものだと思いがちだが、実際には制御不能な軟体動物として自分の内にあり続ける。やわらかな生命作用に接続する時、過去は再び、みずみずしい気配とともにいきいきと薫り始める。

私という有機体が地上にある限り、過ぎし時は死にもしないし、消えもしない。だからこそ、人生で二度と繰り返さない一回性のできごとを胸に抱き続けなければならないのだ。

そして、おそらくはこの旅さえも時の流れの中でまた。

気がつくと、本堂の前に来ていた。

そもそもが曰《いわ》く付きの秘仏である。住職一代につき一回。今回のご開帳（注・２００７年）が五十二年ぶりで、次はいつかわからない。しばらく境内を歩きながら、そのありがたさを心の中で転がしているうちに、胸のあたりで蝶が舞い始めた。

限られた時にしか人びとの前に姿を明かさない。古来続くその慣習のねらいは一体何なのか、どこに、本質があるのか。その真のすがたを今回かいま見ることはできるか。

足元が心もとない。本堂に入る。ひんやりと暗い。人びとが正座し、にじり寄っていく。じりじりとしか進まぬその流れに身を託し、その時を待つ。

やっとお姿が見える。＊1薬師瑠璃光如来《やくしるりこうにょらい》さま。一刀彫りだと伝えられる、すっきりとしたそのかたち。この縁なき衆生にもありがたさは波打ち伝わり、しばらく熱心に眺めていた後に、あっ、そうかと腑《ふ》に落ちた。

若き日、宗教的奇跡について考えていた。ユダが裏切る。十字架にかけられる。やがて、キリストが復活を遂げた時、使徒達は次第に薄れていくそのできごとの生々しさをどのように保ち、世の中に伝え続けるか。

写真もない。ビデオもない。今この場で、確かに一人の救世主が復活されたのだと声を上げても、信じなければそれまでである。

「いや、そうではない。確かに、救い主は復活されたのだ！」

そう言い募る以外に、何ができたろう。そもそも、言の葉とは、過ぎては消えゆく時をつなぎ止めようと必死になって希《ねが》う、そんな人間の魂の荒事から生まれたのではなかったか。

秘仏の姿をとどめておこうとすれば、自分の脳裏に焼き付けておくしかない。恐らくは、自分の人生で最後のその佇《たたず》まい。ひざまずき、にじり寄り、隣りの肌に触れるのも気にせずに見上げる風貌《ふうぼう》の群れに、寄せて帰り、二度とは寄せぬ一度限りの波がはっきりと痕跡《こんせき》を残していた。

もう一つ、秘仏を拝観する。霊験で、ありがたみもわかった。あとは山を下りるだけである。

なつかしい気配に包まれた。招福楼のご主人の特別のはからいで、茶室に招き入れられる。かがみ、にじり寄り、みほとけの前と同じ姿勢をとる。和ろうそくに照らされ、いただき、ぬぐい、味わう。時間の流れが蜜のように溶け始めた頃に、食事の支度ができた。

外は漆黒である。虫を投げて深さを測るわけにもいかず、ただ眼福、舌福にひたる。

身の回り方丈の宇宙にこもり、はっと気がつく。ただ、自分の心にとどめておくしかないのは、味や香りもまた同じことである。忘れがたい食宴。しかし、それが過ぎ去りし折には、その感触はただわが内に留まりたるのみにて。だからこそ、「最後の晩餐《ばんさん》」なのであり、「別れの杯」なのであろう。祖先が洞窟《どうくつ》で絵を発明し、やがて文字ができ、文明が開花し、多くのものをとどめておけるようになった。だからかえって、この過ぎゆく一瞬が二度とはかえらぬかけがえのないものであることを現代人は忘れてしまっている。

　秘仏も、目の前の心尽くしも、過ぎ去ってかえらぬという点においては同じである。思い至った時、恍惚《こうこつ》にも呆然《ぼうぜん》として、古《いにしえ》の人の息づかいに接する。

　中宮[*2]が、ひさしの間の柱に寄り掛かって黙っている清少納言《せいしょうなごん》に「なにをしているの」とお問いになり、「ただ秋の月の風情をながめているのでございます」と答える。

　一間の静寂に、『枕草子』の大好きな一節がよみがえった。

＊1
薬師瑠璃光如来

東方浄瑠璃世界の教主で、この世の衆生の疾病を治癒して寿命を延べ、災禍を消去し、衣食などを満足せしめる医薬の仏として、現世利益信仰を集める。西明寺の本尊（秘仏）は平安時代に三修上人手ずから彫ったとされる。

＊2
中宮

本来は皇后の住居を意味し、転じてそこに住む皇后自身を意味する。清少納言は一条天皇に入内した藤原道隆の娘、定子に仕え、聡明で和漢の際に通じた類い希な中宮と彼女を囲むサロンの華やぎを『枕草子』に描いた。

江戸料理「なべ家」 東京都豊島区

瓦解の光

私たちが体験する世界は、さまざまな「質感」（クオリア）に満ちている。なぜ、そのような強烈な存在感を持つものたちが私たちの心の中にあるのか。クオリアに満ちた心は、脳の神経細胞の活動からどのように生じるのか。このいわゆる「心脳問題」は人類に残された最大の謎《なぞ》であり、尽くせぬミステリーでもある。

クオリアは、本来、プラトンの言う「イデア」の世界に属するものであり、何人にも開かれたものである。原理的な立場から言えば、クオリアは全地球的な広がりを持つ。それどころか、私たちの骨身に染みついている地球中心主義から離れて考えれば、クオリアは、宇宙に遍在するもののはずである。

進化の歴史において意識が誕生してきた連続性を考慮すれば、クオリアは、おそらくは人間の専売特許ですらない。さまざまな生物のうちに、それぞれ固有の「クオリア」があるだろう。ミミズが土の中を這《は》っていく時には、それに伴う独特の感覚が伴うだろう。空を飛ぶ鳥が風を切るその手応えは、生きることのよろこびに満ちあふれていることだろう。テントウムシが枝の先まで登っていって飛ぶ。その時の恍惚《こうこつ》は私たち人間のスケールを絶している。

クオリアは本来普遍的なものであるが、その属性を味わおうとすれば、「今、ここ」の自分の感覚に従うしかない。まさに現在の自分の意識の中に没入するしかない。そのような私秘的な体験の中にこそ、クオリアの普遍性に至る道は準備されている。

「日本のクオリア」を体験し、感じ、考えを巡らせるということは、それ自体が一つの私秘的な体験である。地球地図の上での特異点としての「日本」を探究の対象とするのではない。自分自身が生まれた母なる国を絶対視すべきなのでもない。最終的に普遍に至る道へと魂が導かれるとしても、いったんは「今、ここ」の「特殊」の中に没入しなければならぬ。その材料が、私たちの場合には「日本」の中にあるというだけのことである。

ブラジルに生まれた者にとっては、フェジョアーダ[*1]の味わいが普遍に至る母胎となるだろう。チベットの僧侶にとっては、一杯のバター茶が天空へとつながる道を与える。私たちは、春の日差しの中で杯に落ちたひとひらの花びらの中に、妙《たえ》なる生命の作用を見る。

私たちの「宿命」であるこの島国での体験を、長い歴史の中で培われてきた日本語を用いていかに定着させていくか。日本語の宇宙をいかに耕すか。クオリアが育《はぐく》まれるところの霧のかかった私秘的な領域から、広く流通する情報空間へと解き放っていくか。異なる文化からなる「世界」の多様さの眩惑《げんわく》を一つの「地球」像へと縮小写像していくことが運命づけられている私たち。人類の「幼年期の終わり」において、「日本のクオリア」を見直すことは私たちにとって必要な「自省」である。

哲学者のイマニュエル・カントは、「個別」の事象の中に「普遍」を見ようとした。カントの時代の欧州を中心とした文化世界の限定の中に、「神」や「形而上学《けいじじょうがく》」といった普遍を読み取った。

私たちもまた、自分たちの母なる土という「個別」の中に、人類にとっての「普遍」を見取る、そんな努力を始めるべきなのだろう。自己像の中に無意識のうちに他者を経由した「オリエンタリズム」の視座を取り入れてしまってはいけない。「普遍」は私たちの文化には入ってこないものと最初から諦《あきら》めてはならない。意識の中の「クオリア」は、必ずカント的な意味での「普遍」へと通じるはずだ。私たちの日常が、どれほどささやかないとなみのうちにあるとしても、生命は最後には大宇宙の星空につながっているはずだ。

グローバリズムや情報化といった大きな「版図」の中で抗争することが宿命付けられている現代人の日常。忍び寄る心の疲労に思わず力を抜いたその時に、背中から母なるものはやさしく抱きしめる。その弛緩《しかん》した時間の流れの中にこそ顕《あらわ》れる真実はあるに違いない。

なんだかなつかしい気持ちで、大塚駅前に立った。何といっても、東京は自分の故郷。そして、大塚駅周辺は、学生時代に友人たちと随分歩いた界隈《かいわい》でもある。

都電が近くを走る駅舎から、福田浩《ふくだひろし》氏が研究した江戸料理を供する「なべ家」はほど近い。ふらふらと歩いていくと、路地に面してもうそれはあった。「江戸前料理なべ家」、そして「郡上産あゆ」と書かれた看板が掲げてある。緑のものが置かれた玄関に、白い暖簾《のれん》が目に涼しい。二階には簾《すだれ》があって、夏の季節にはいかにも心誘われる。

座敷に案内された。御主人の福田浩氏は早稲田大学で文学を修めた理論派で、『飯』、『江戸料理百選』、『大江戸料理帖』、『豆腐百珍』などの著書がある。作務衣を着け語る姿は文人のようである。「さっそく始めますから」と言い残して下がる福田さんの像が、薄暗がりの中にしばらく残った。

福田さんの料理は、それぞれ、江戸時代の文献によって裏付けられている。座付に、「揚出大根」(『大根料理一式秘密箱』、天明五年)。金色のお椀に簡素に盛られている。鱠《なます》に、「赤貝うに和え」(『料理伊呂波庖丁』、安永二年)、汁に「豆腐粥」(『豆腐百珍』、天明二年)、刺身に「搔鯛《かきだい》」(『料理物語』、寛永二十年)と続いた。

豆腐粥が秀逸であった。すまし汁の中に、細かく刻んだ豆腐が入っている。聞くと、味噌汁を漉《こ》して澄んだ汁にするのだという。出典となる『豆腐百珍』は、天明二年(1782年)に出版された名高い料理本。舌で探りあてているうちに、ぼんやりとしていたものがはっきりとした姿を現し始める。心はほぐれていく。

料理の後半は、焼物に「かじき蒲焼」(『料理早指南』、享和元年)。たくさんかかった青菜と粉胡椒がご馳走《ちそう》である。煮物に凝魚《にこごり》(『江戸料理集』、延宝二年)、飯に「胡椒飯」(『名飯部類』、享和二年)、香ノ物に「小茄子蓼《たで》漬」(『料理珍味集』、明和元年)、と出され、最後に甘味として玲瓏《れいろう》豆腐(『豆腐百珍』）で締めた。黒蜜のかかった玲瓏豆腐は、涼しくてやがてゆかしい味わいがあった。

福田さんの江戸料理には、何とも言えない品がある。座敷の隅にちょこんと座った趣味のいい服を着たお婆さんが、よい頃合いにさり気なく出してくれる。夏目漱石《なつめそうせき》の『坊っちゃん』で、何くれとなく世話を焼いてくれる清《きよ》が作る料理のようだ。

「もと由緒のあるものだったそうだが、瓦解《がかい》のときに零落して」しまったという清。「維新」ではなく、「瓦解」。獲得と喪失は常に背中合わせに起こる。明治維新によって、私たちは多くのものを得たが、同時に思い出せないほどたくさんのものを失った。

料理の復元は、何と不思議な行為だろう。自分が今口にしているものと同じものを、江戸の人もまた味わっていたと想像すると、いてもたってもいられなくなる。絶対的に離れた時を飛び越えて、古《いにしえ》の人の「可憐《かれん》」と「今、ここ」の私が「ワームホール」[*2]を通して結びつけられる。その厚い時の流れの中に、現代に住む私もまた、鎧《よろい》を脱いで飛び込んでいく。

そもそも、味わうとは内なる領域において「瓦解」することはなかった。きれいに盛りつけられたものを箸《はし》や匙《さじ》で崩し、口の中で押しつぶす。原型が失われ、消えていくその淡雪の中に、味覚が生まれる。料理という手法を人類が手にする以前には、それは、一つの生命の「死」ともう一つの生命の「営み」が不可避的なかたちで交錯する現場でもあった。

頭蓋骨《ずがいこつ》の中の一リットルの空間に閉じこめられた私たちの精神が広い世界と向き合うその境界面にも、また一つの「瓦解」がある。本来行き交うはずのない「私」と「青い空」、「寄せる波」、「谷間のすみれ」が交感することができるのも、外界から入った感覚情報が、私の中枢神経系において「瓦解」するプロセスゆえにである。

　意識の「今」の中に感じられる「クオリア」は、いわば、「世界」という素材が溶けて消えていく瞬間に開く花火のようなもの。外界の有機物を自己に「同化」することによって生命活動を維持している私たち細胞体にとって、「味覚」は「視覚」や「聴覚」よりもよほど原始的にして本来大切な「クオリア」であったはずだ。

　美味しくいただく。福田浩氏にお礼を申し上げる。「なべ家」を辞する。江戸の昔をゆかしく想い、少し心がしっとりする中で「日本のクオリア」がまた一つ、沁《し》み渡っていく。

　残るのは、意識の暗闇に咲いた数々の華の記憶だけである。あんなこともあった、こんなこともあった。瓦解の光のうちに、私の生命も不可逆な年輪を刻んだ。世界は広い。「日本」はもっと広い。朝露一つに映る宇宙は、魂を飲み込んで余りあるかのように照り輝いている。

＊1　フェジョアーダ

豆と豚肉、牛肉を煮込んだ料理。ブラジル、ポルトガル、アンゴラ、サントメ・プリンシペ、東ティモールなどポルトガルおよびその旧植民地で食べられているが、各国で独自の発展をとげ、素材が国によって異なる。

＊2　ワームホール

リンゴの虫食い穴に由来して命名された概念。時空間上の離れた場所を結びつけるトンネルのような抜け道を指し、ワームホールの中では時空が歪んで、距離がほとんど0になるため、離れた場所へ瞬時に移動することができると考えられている。

国立文楽劇場　大阪市中央区

開かれつつ、閉ざされる

私の場合だけなのかもしれないが、人生の履歴の中での日本の伝統芸能との出会いに、しばしば本質的なかたちで「外からの目」が関わっていたことは不思議な因縁だと思う。

歌舞伎を最初に見たのも、外国からのお客さんを東銀座の歌舞伎座にお連れした時だった。日本に来るから歌舞伎座に行きたいと言われたが、ろくに知りもせずに「あそこはすぐに席が売れてしまうから」と逃げ口上を述べていた。来日が近づき、調べてみると当日売りの幕見というものがあることがわかったので、夜の部の最後に行った。

その時の演目が、たまたま『義経千本桜《*1よしつねせんぼんざくら》』の「河連法眼館《かわつらほうげんやかた》の段」、通称「四の切《しのきり》」だったこと、市川猿之助《*2いちかわえんのすけ》が狐忠信《きつねただのぶ》で「宙乗り」をつとめていたことは一つの僥倖《ぎょうこう》だったとしか言いようがない。

幕見をする最上階から舞台までは遠かったが、一つひとつの動きに惹《ひ》き付けられて食い入るように見入った。

以来、『義経千本桜』は十数回は見ているのではないか。とりわけ、猿之助の外連味《けれんみ》あふれる舞台の思い出は、私の心の中の大切な宝ものとして、特別な位置を占めるに至った。

人形浄瑠璃《にんぎょうじょうるり》が好きだというドイツ人に会って話したのは、私が歌舞伎にお熱を上げている頃だった。「歌舞伎もいいが、人形浄瑠璃もいい」とその人は言った。「私たちの想像力をかき立てるという点においては、ある意味歌舞伎よりも上である」「人形には、無限の可能性がある」と断じた。

少しエキセントリックな人ではあったが、なぜかその意見を素直に聞く気になって、それからしばらくして国立文楽劇場に赴いた。近松《ちかまつ》の心中物だった。人形の姿、ふるまい。見せ場にはらりと垂れる布の動きにしびれた。人形の顔の表情が変わるはずもないのに、なぜか心のふるえが伝わってくる。なるほど、ドイツ人の言っていたのはこのことかと思った。

しかし、振り返ってみると、私の心の奥深くに突き刺さったのは、むしろ義太夫《ぎだゆう》の方だったようである。時にふりしぼるように、あるいはすすり泣くかのごとく、起伏がうねっていく。語る前に、「床本《ゆかほん》（台本）」を両手で捧《ささ》げ、祈るようなかたちになる。

グレン・グールド*3が「ゴールドベルク変奏曲」を弾き終わった後にやはり同じようなポーズをとっていたなあと、その不思議な共形関係が心に響いた。

それから、何回か文楽に通ったが、自分はどうも太夫の語りに一番惹き付けられるようだと徐々に感得していった。上演中開きこそしないが、国立劇場の売店で台本を求めて、お守りのように膝《ひざ》の上に置いた。人間国宝の至芸にも、若手の勢いのある発声にも、何事かを模索しているがごとき中堅の習練にも、等しく心が動かされた。

私を惹き付けたものは、浄瑠璃の中にあるパトスのようなものだったのだろう。そう思って振り返ってみれば、歌舞伎役者の見せる激情の完璧なるひな型は、太夫の語りの中にすでにあるようでもあった。

私たち現代日本人にとって、太夫の語る物語がそのまま了解可能であるわけではない。実際、国立劇場の文楽公演では、しばらく前から語っている言葉の字幕が表示される。

ましてや、私に文楽を教えてくれたドイツ人にとって、太夫の語りは果てしなく遠いものだったのだろう。人形という視覚的な要素から入りたい気持もわかる。言葉というものは、いかに不可視な宇宙に私たちの魂を囲い込んでしまうことだろう。

現代人は、グローバリズムのかけ声の下、全てを流通可能で見通しの良いものにするという衝動にかられている。歌舞伎にしろ、文楽にしろ、その本質は外国人にもわかるだろうとどこかで希望的観測を抱いている。歌舞伎や文楽をユネスコの「世界無形遺産」に登録されたことは、そのような思想の一つの表現である。

その一方で、言葉の味わいには、それを解するものだけを独特のクオリアの宇宙に誘う作用がある。開かれつつ、閉ざされる。何事も地球規模で考えることが文化的衝動の公式的形式になっている現代において、言葉の私的な表象空間は切ない孤立の中に私たちを包み込み続ける。

寒さの底に春の兆しが匂《にお》い始めた夕暮れ。銀座の表通りから一本入ったところに位置する日本を代表するギャラリーで、浄瑠璃を鑑賞する私的な集まりがあった。

世界的な規模で流通することが予定されている美術作品に囲まれつつ、私的であるがゆえにこそ味わいが深まっていく太夫の語りに耳を傾ける。古代からの情念が乗り移った言葉の波に身を浸しているうちに、「もはやパラドックスの中に引き裂かれて生きるしかない」という思いが募った。

私を古典芸能に誘ったきっかけが外国人であったことは、近代の日本が背負ってきた矛盾の極私的な反映である。ユネスコのお墨付きをもらって、やっと安心して先祖代々慣れ親しんできたものに浸ることができる心性。それでも、肝心な芸術的体験の核心は、容易に外の者がうかがい知れない秘められたイマージュであるしかない。

近代以降の日本を生きるという体験は、所詮、引き裂かれたものであるしかないのだろう。「日本のクオリア」を極私的な視点に耽溺《たんでき》して味わうことも、乾いた外の目から批評することも、単独では私たちに十全たる満足を与えることはない。

どう転んでも、居心地が悪い。そのような状況を生きざるを得ない私たちは、浄瑠璃の中にあふれるパトスから何をつかむことができるのだろう。

打破か、耽溺か。

複雑な思いを抱きながら、ギャラリーの「ホワイトキューブ」の中に響く太夫の声を聴き、魂はむせび泣いた。

＊1
義経千本桜
主役は源義経ながら、彼自身は多数の登場人物を繋ぐ扇の要のような存在で、源平合戦で滅びたはずの敵将、平知盛・平維盛・平教経、吉野の庶民一家、そして義経家臣佐藤忠信の偽者をめぐる悲喜こもごもの物語。

＊2
市川猿之助
歌舞伎役者の名跡。屋号は澤瀉屋。現在の三代目は「劇界の孤児」という苦境を乗りこえて、明治以後は疎まれたケレンの復活で一世を風靡、演出の異なる「スーパー歌舞伎」という新境地を切り開いた歌舞伎の異端児。

＊3
グレン・グールド
活動の基盤をバッハに置き、特異な解釈、演奏方法で、後のピアニストに絶大な影響を与えた。演奏の1回性に疑問を呈し、1964年以来コンサート活動を引退。没年までレコード、放送媒体のみを音楽活動の場とした。

三響會と随求堂　京都市東山区

暗闇に包まれて

京都の南座《みなみざ》は、私にとってずっと「仮想」の中にある存在だった。中学校の修学旅行で最初に横を通り過ぎた。その後も、学会の際や、私的な旅行でニアミスをしたが、一度も中に入ったことはなかった。

近くにあるにしんそばの老舗《しにせ》や、江戸時代の画家に因《ちな》んだバーにはしばしば行くのに、南座のドアをくぐる機会はなぜか訪れなかった。四条大橋から、祇園《ぎおん》の花見小路に向けてはよく歩く。その時間の流れの中で、南座の存在は、いつも右手に感じている。しかし、どういうことか縁がない。京都には数十回と行っているのに、不思議なことである。

一度、京都にいる時に恒例の顔見世興行[*1]を見に行きたくなって、当日になってチケットを手にしようと試みたことがある。当然のことのごとく売り切れだった。師走の京都の一大イベントに、ふらりと入れると思った私が甘かったのだろう。普段から御茶屋さんに出入りしていれば何とかなるのだと聞いた。しかしむろん、私にそんな算段はない。

南座だけのことではない。京都には、どうにも測り尽くせないところがある。余りにも複雑、多様で、どんなに通っても摑みきれないのだ。

例えば、私は修学旅行以来清水寺《きよみずでら》に参詣したことがなかった。有名な「清水の舞台」や、「音羽の滝」、登っていく坂道の印象は鮮明に脳裏に残っているものの、なぜか、再訪する気持になれなかった。ああ、清水寺のことは知っているよ、そのくらいに思って済ませていたのであろう。

先日、二十数年ぶりに訪れて、驚いた。「清水の舞台」は、記憶の中で思い描いていたのよりも大きく立派なものだった。そして、本堂に向かう道すがら、随求堂《ずいぐどう》の「胎内めぐり」を見出《みいだ》したのである。

長野の善光寺《ぜんこうじ》の「戒壇巡り《かいだんめぐり》」を体験して以来、「暗闇の中で救いを求めてさまよう」という設《しつら》いは、私にとっての日本の文化のかけがえのない叡智《えいち》の一つと感じられてきた。この浮き世でどんなに順調な人生を送り、権勢を誇っていたとしても、死に臨めば神でも仏でもすがるしかない。そのような衆生《しゅじょう》として覚醒《かくせい》することは、当然のことのようでいて難しい。幾多の言葉を尽くしても伝えきれない私たちの生存の条件と真実を、深く体感させるための工夫が「戒壇巡り」にはあったのである。

初めて訪れた時、「一寸先は闇」を手探りで進み、「極楽に至る錠前」を手探りで触り当て、ようやくのこと外に出てきた時の深い安堵《あんど》は忘れられない。夏の陽光がまぶしく、思わず目を覆った。青いものを抜けて通り過ぎる風に、突然、目の見えない人にとっては、「戒壇巡り」の内側も外も同じことだったのだと気付いた。その気付きこそが、私にとっての善光寺だった。

善光寺と同じ哲学が、清水寺においても形になっている。そのことを不覚にも知らなかった。古《いにしえ》の信仰の場はいつしか、多くの人にとっての観光の目的地となり、自然に伝わるものも伝わらなくなってしまっている。

清水寺にもあった！　さっそくのこと「胎内めぐり」に入り、「戒壇巡り」とは少し違う感触を持つ暗闇の中の彷徨《ほうこう》を体験した。心はやわらぎ、伝わってくるものを素直に感受した。清水寺の「魂」のようなものがあるとすれば、私はあの時やっとそれと出会えたのではないかと思う。

考えてみれば、京都には、まだまだその「魂」と交感すべき秘されたものたちが残されている。そう考えると、居ても立ってもいられなくなってくる。まだ、どれほどの覚醒が私を待ちかまえているのかと思う。しかし時間は限られている。

万華鏡の色を一つひとつ拾っても、なかなか全体の像を結ぶことなどできない。疾走し、かつその中に入り込まなければ、日本の古都を知り尽くすことなどできない。しかし過客は結局「色拾い」くらいしかできない。一幅の絵など、いつまで経っても成りそうもない。

それでも、長年の一つの宿題だった南座については、やっと思いを果たす星の巡りが訪れた。「能と歌舞伎という二つの古典芸能を、形式を崩さず〝音〟という視点から比較・融合させてみては如何《いかが》か」という注目すべき試みを南座で体験する機会に恵まれたのである。

主催は亀井広忠《かめいひろただ》、田中傳左衛門《たなかでんざえもん》、田中傳次郎《でんじろう》の三人が平成九年に始めた「三響會《さんきょうかい》」[*2]。能楽師葛野《かどの》流大鼓方《りゅうおおつづみかた》で、重要無形文化財（人間国宝）である亀井忠雄《ただお》を父として、歌舞伎囃子方《はやしかた》の田中佐太郎《さたろう》を母として生まれた兄弟たち。恵まれた環境の中で研鑽《けんさん》を積み、亀井広忠さんは能楽師大鼓方、田中傳左衛門さん、田中傳次郎さんは歌舞伎囃子方として活躍されている。

歌舞伎や能には、だいぶ親しみがある。ただ、これらの伝統芸能との「付き合い」方には、私の中で様々な「迷い」があることも事実である。そのことを思う時に私の心の中に顕れる様々な色や影は、私が京都という場所に足を踏み入れる時に感じる何かと、おそらく通底している。

何か居心地の悪さを感じている。だからこそ、清水寺の「胎内めぐり」のようなものとの出会いが、かけがえのないものとして感じられる。古典芸能の中に、私は逃げ込んで安らぐことのできる何かを求める。

出会ったのは、歌舞伎、人形浄瑠璃、そして能の順番だった。日本の古典芸能なんて、と敬遠していた西洋かぶれの青年期。たまたま、カナダからのお客さんを連れて見に行った歌舞伎座の幕見で衝撃を受けた。市川猿之助《いちかわえんのすけ》による『義経千本桜《よしつねせんぼんざくら》』の「河連法眼館《かわつらほうげんやかた》の段」（通称「四の切《しきり》」）だった。

爾来《じらい》、歌舞伎には何回か行った。ある時、ドイツ人に「歌舞伎よりも浄瑠璃の方が良い」「人形の可能性は無限である」と言われて、その気になった。実際に行ってみて、こちらも魅せられた。確か最初は近松の心中物だった。

魂を震わされたのは、『夏祭浪速鑑《なつまつりなにわかがみ》』である。舅《しゅうと》殺しが行われる長屋裏。生と死の凄惨《せいさん》なドラマに、空に上がる花火と、そして祭の御輿《みこし》の興奮が重なるカタルシス。その精神的密度と深度は、古代ギリシャの悲劇にも通じていて、この頃には「西洋かぶれ」も「コンプレックス」もだいぶ弱まっていたようである。

能はガールフレンドに誘われていった。演し物は『氷室《ひむろ》』だった。最初に見たからかもしれないが、私は今でもこの演目がとても好きである。能に至って、私の日本への回帰も落ち着いたのだろう。

歌舞伎、浄瑠璃、能。それぞれにユニークな特色があり、一方において全てに通じるものもある。今は異なる形をとっているが、源流にさかのぼれば同じはずである。それが幻だとしても、求めざるを得ない。

結局は、現代の日本の知識人は一度西洋を経由することをやめられないのだろう。京都の様々な風土や、古典芸能を、エキゾティズムでも凍り付いた伝統でもなく、まさに現代を生きる一人称の中にいかに引き受けるか。この命題がやさしいと思ったことも、お気楽だと感じたことも一度もない。源流探検は、そのゆえにである。

鴨川のほとりに座って、しばらく南座を見た。もう夏の川床の準備がしてある。橋を渡り、いよいよ仮想の中にあった場所に入る。仮想が現実に変換されていく。華やかさが肌にしみる。舞妓《まいこ》さんがいる。きれいに着飾った女の人たちがいる。「三響會」のご兄弟のお弟子さんたちだと耳打ちされる。

東京の歌舞伎座とは何かが違う。客席が真っ暗になる。大鼓が鳴り始める。道成寺《どうじょうじ》組曲。八島《やしま》。喜撰《きせん》。船弁慶《ふなべんけい》。石橋《しゃっきょう》。いつも見ている能や歌舞伎と通じるようで、やはりどこか異なる。より自由にというか、心の底に沁《し》みわたってくるというのか。

それは、田中傳左衛門さんの小鼓だったかもしれない。あるいは、田中傳次郎さんの太鼓だったか、亀井広忠さんの大鼓だったか。それとも、「船弁慶」で見事なシテとアイを演じた、片山清司《かたやまきよし》さんと野村萬斎《のむらまんさい》さんの身のこなしだったか。

とにかく、私は次第に暗闇に包まれていくのを感じた。それは、懐かしい、古色に満ちた空間だった。そこには、外の目も、エキゾティズムも、モダニズムとの絶えざる格闘もなかった。全ては自然にそこにあり、何かを足す必要も、取り除くこともなかった。

様々なものを取り除いていった時にそれでも残るもの。手や足、胸、肝、心臓。ふとした息づかい。逃げも隠れもしない。理屈もない。いったんはそこに引いてみる。それから、再び振り向いてみる。

それは、やはり、南座の中にもあった。魂が裸になれる場所。苦しみとともに、母が世の中に送り出してくれた時のこと。

私はまだ絵を見てはいないのだろう。相変わらず色とりどりの切れ端を嚢んで、喜んでいるのだろう。

それでも良いと思った時、今まで京都で見聞きしてきたものたちの想い出がなだれのように押し寄せてきて、何も見えなくなった。

＊1
顔見世興行
江戸時代以来、３００年以上にわたって続く師走の風物詩。当初は四条河原の芝居小屋で新入り役者が正月に自己紹介の口上を述べ、これを見た客が「今年は何人の顔見せがあった」と噂したのが「顔見世」の語源という。

＊2
三響會
能楽大鼓方の亀井広忠、歌舞伎囃子方の田中傳左衛門、田中傳次郎の兄弟が、能と歌舞伎という二つの世界の競演、融合を目指して、１９９７年から東京で公演を開始。10周年の節目の年に、念願の京都公演を実現した。

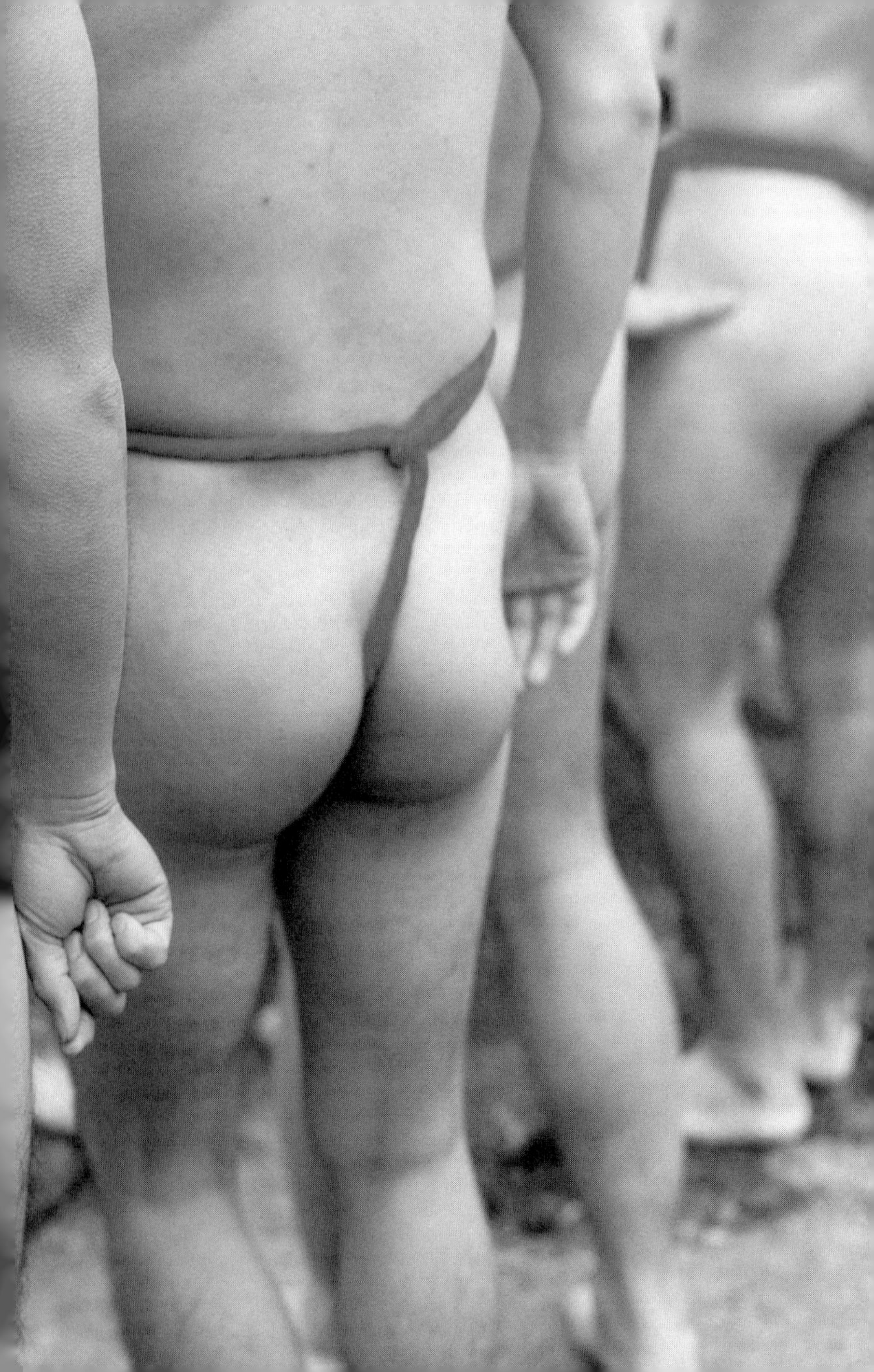

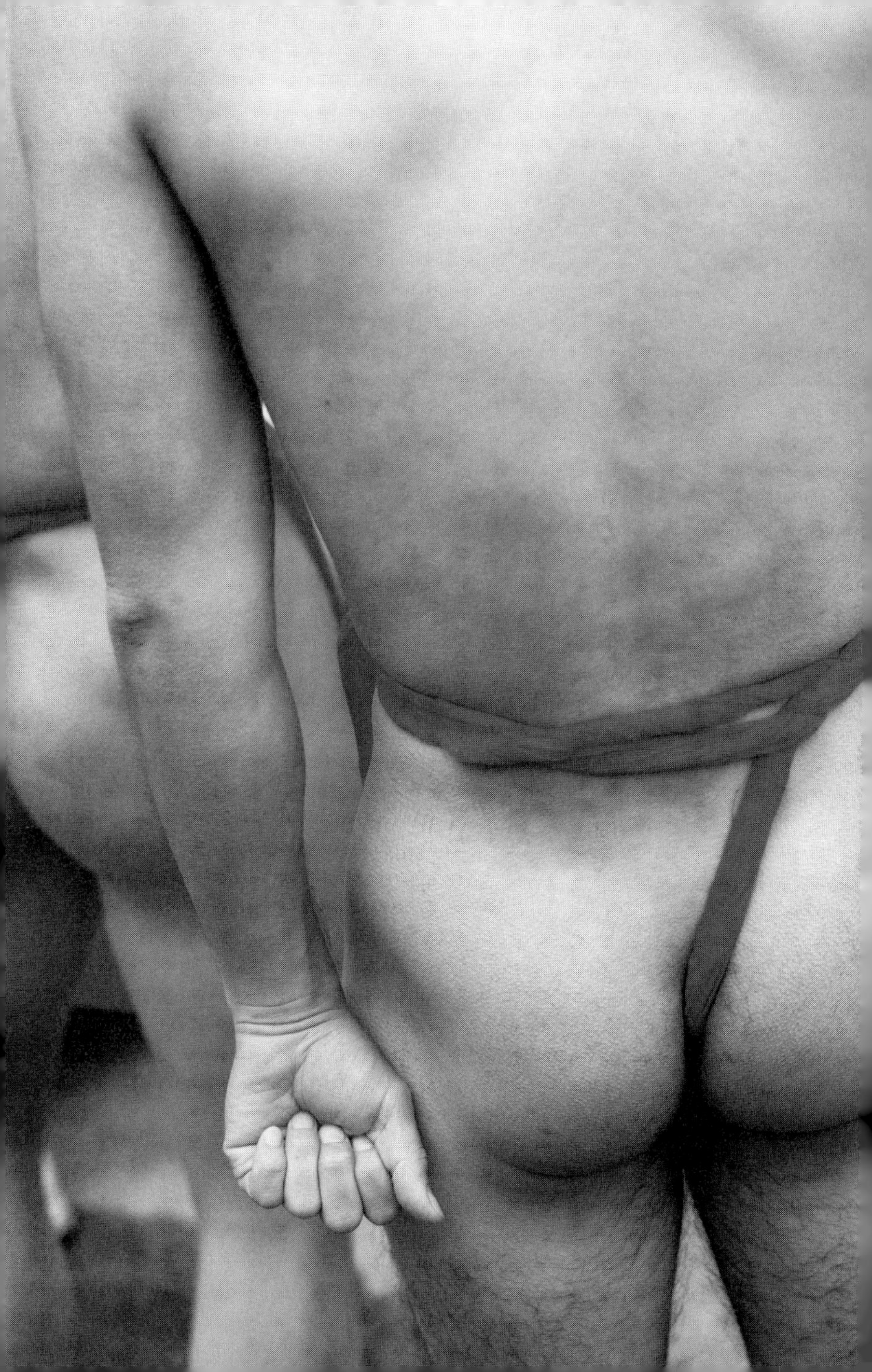

武者小路千家「官休庵」　京都市上京区

目の前に利休

何事であれ、本質というものは、それぞれの私秘的な内奥に追いやられていて、なかなか伝わらない。世間には誤解や風説が満ちている。物事の大切なエッセンスの、そのまさにど真ん中に向かって外さずに至ることは、大変難しい。

そのような大切なレッスンを学んだのは、伊勢神宮においてだった。内宮《ないくう》を拝して、自分の内側に深く沁《し》みわたるかけがえのない体験をした。しかし、そのように私の官能を刺激し、知性の核を動揺させてきたものの本質をとらえた表現を、メディアの中で私はかつて目にしたことがなかった。強いて言えば、西行法師《さいぎょうほうし》の「何ごとのおはしますかは知らねども　かたじけなさに涙こぼるる」という和歌くらいのものである。

伊勢に関する言説は、その多くが、その本質から私の目を逸《そ》らすように機能してきた。内宮で、そのように実感した。

自分自身で経験するしか方法はないのだ。私は学び、覚悟した。むろん、時間も手間もかかる。しかし、そのようにしてしか大切なものの本質を摑《つか》むことはできないのだから、仕方がない。

茶道もまた同じことだろうとずっと思っていた。千利休《せんのりきゅう》が大成した「侘《わ》び茶」は、とてつもない強度を持つ一種の精神運動だったに違いない。だからこそ、豊臣秀吉《とよとみひでよし》は利休に死を与えなければならなかった。世俗的な権力の頂点を極めた者にとってさえ扱いかねる強烈な何ものかを、秀吉は千利休のつくり出した宇宙の中に感じ取ってしまった。

秀吉は、怖くて仕方がなかったに違いない。天下を取った自分がどう逆立ちしても敵わない恐るべき何かが、「日ノ本に向かうところ敵なし」となったはずの自分の生涯の最後にして、突如幽霊のように現れたのである。

利休は生きとし生けるものの避けられぬ習いとして鬼籍の人となったが、その伝統は今日に至るまで受け継がれ、日本の文化の中枢に位置している。関心を惹《ひ》かれないわけがない。それでも、簡単には手を出すまいと思っていたのは、じたばたしても茶の本質はそう簡単にはわかるまいと腹をくっていたからである。

お茶席やティー・セレモニーというものは何度か経験している。それらは利休の原点と全く無関係というわけではないが、希釈され、変形され、原形をとどめず、現代風にアレンジされてしまっている。一つの固有の味わいではあるが、原点とは異なる何か。そのようなものを幾百度経験したとしても、秀吉を恐れさせた何ものかは摑めまい。

茶に関する本も何冊か読んだ。しかし、知識は所詮それだけのことである。秀吉は、知識を畏怖《いふ》したのではない。そもそも、人が恐れるものは、手に取ったり、言葉に表したりは容易にできないものに限る。秀吉が魅入られてしまった侘び茶の「精霊」が立ち顕《あらわ》れるのは、よほどの条件が整った時空においてであろう。

そういうことであるならば、「これはいよいよ」という時まで、茶道にかかわる官能に対して、自分の感性のチャネルを全開するのは遠慮しておこう。そのように考えていた。そもそも、すこぶる散文的な私の普段の生活の中に、いかなる精霊でさえも入り込める隙《すき》はない。

一度だけ、垣間見たことはある。武者小路千家《むしゃのこうじせんけ》の千 方可《せんまさよし》さんが、ジェームズ・タレル[*1]の設計した「光の館《やかた》」の広々とした縁側でお茶を点《た》てた。千さんは家元後嗣《いえもとこうし》として、伝統に則り公式には「宗屋《そうおく》」と号しているが、この時は私人としての立場で同行されていた。

お茶は、大変美味《おい》しかった。そして何よりも、「融通無碍《ゆうずうむげ》」の精神に貫かれていた。お湯を出してきたのは電気ポットからである。幾つか由緒ある茶器を持参されていたが、足りなくなったらその場のもので間に合わせる。

不足を引き受け、これがない、あれがないなどと不平を漏らすこともない。それでいて、美意識は凜《りん》と立っている。何よりも印象深かったのは、いよいよ「薄茶」を点てる時に至って、突然変貌《へんぼう》した千さんの周囲の空気である。現代の弛緩《しかん》した空気が押しやられて、突然、何か別のものが入ってきた。

その感触は忘れがたい。

時は流れた。千さんとはその後も何回かお目にかかったが、気軽にかつ早口で、美術のことなど様々に語り合うばかりで、「光の館」で垣間見た何かが憑依《ひょうい》したかのような横顔を再び拝することはかなわなかった。

ただ、何の気なしに見せる所作に、ふと気配がすることがある。そのような時、「光の館」で目撃したような感化作用が、日常に紛れ込んできたような気になった。

そうこうしているうちに、ご縁に恵まれ、京都・武者小路の官休庵《かんきゅうあん》に招かれることとなった。Hさんの仲だちで千さんがご配慮くださり、千さんの御尊父である第十四代家元、不徹斎宗守宗匠《ふてつさいそうしゅ》にもご快諾いただき、正式にお稽古《けいこ》をしている人でも、一生に一度あるかないかという官休庵での茶事を体験することに相成ったのである。

蛮勇は時に感性の扉を開く。そう思うしかない。ただありがたいことである。連客と共に控える「寄付《よりつき》」のひと間で、異化と感化の作用はすでに始まっていた。細い格子から差す陽の光が、ほの暗い室内を照らし出す。

「茶の湯とは　耳につたへ　目に伝へ　心に伝へ　一筆も無し」という、官休庵八代家元一啜斎《いっとつさい》の筆になる利休作の狂歌の軸が懸けてある。首を傾げて一生懸命拝見していると、「お詰《つめ》」を務めるHさんが、「こうして扇子を置くのだ。つまりは、結界をなすのである」と教えてくださる。要するにそんなことも知らずに、正客を務めようというのだから恐ろしい。

庭に出る。若葉と苔《こけ》が目に美しく沁みる。腰掛にて、連客と談笑しながら、じっくりと観賞する。これから始まることへの心地よい緊張感が、全てを味わい深くさせているように思われる。

お詰が、耳を澄ませという。なるほど座敷を掃き清める音がしてくる。それから、亭主が水を汲《く》む。見計らって、中門のところまで行けという。

無言でつくばい、門の向こうの千宗屋さんと挨拶《あいさつ》を交わす。この時点では、客と亭主との間の結界は解かれていない。目を合わせた瞬間から、胸の奥からこんこんと湧き出てきたものがある。本席の官休庵にて、亭主とあらためてご挨拶する。炭点前を始めた千さんが、炉の火をのぞき込んでみろという。

「茶席の最初に、このように、共に火を囲むということに、意味があるように思います」と千さん。その赤い炎が、先ほどこんこんと湧いてきたものと反応してじゅうと音を立てた。

その聞こえない音で人心地がついた。若宗匠の声が耳にすうすうと入ってくる。「灰が何よりも大切です。初代からずっと受け継いでいる。ほら、このように細やかです。火事の時は、真っ先に灰を持って出ろと伝えられている」

炎と、水と、灰と。懸けられた利休居士《こじ》の今井宗久《＊2いまいそうきゅう》宛の手紙には、「新茶」の文句がある。青々とした茶だけのことではない。全ての生きとし生けるものの源は、実に炎と水と灰ではないか。

祖堂にて利休居士に参拝焼香し、席を移して懐石を頂く。

向付《むこうづけ》には鯛昆布締め、あぶらめに板蕨《いたわらび》の煮物碗、竹の子の木の芽焼、赤貝の酢の物。主菓子の惜《せき》春《しゅん》の花筏に至るまで、心尽くしのご馳走《ちそう》を頂いた。

「ここはゆるめていただいて」

千さんがにこやかに言う。それで、かえって心が引き締まる。

いよいよその時が来た。本席に戻り、連客とともに畏《かしこ》まって座す。軸が、利休尺八の竹花入《たけはないれ》に換わっている。

「濃茶《こいちゃ》を差し上げます」と千宗屋さんが言う。濃茶の点前《てまえ》をしながら、次第に半眼に入る。手つきは確かにここにありながらも、精神は遠空に遊ぶかのようである。

突然、戦慄《せんりつ》が走った。目の前に千利休その人がいる。かつて、百戦錬磨の戦国武将たちを畏怖させた、侘び茶の宗匠の精神が、肉体に受け継がれている。間違いない。

人を斬り、国取りをしてきた猛々《たけだけ》しき者たちを、こぢんまりとした庵の中に導き、膝《ひざ》を屈させる。それだけのラジカルな力への志向が、茶の湯の中には元来ある。だからこそ、半眼になる。現世を根底から相対化する眼差《まなざ》しが、危うく息の根を止めんばかりの生命の芯ぎりぎりのところで貫く。

*3長次郎《ちょうじろう》の赤楽《あからく》茶碗で頂く。その中に生命も死も全て合わせ濁らせたような、濃密な緑の泥状のもの。それまで頂いた全てのご馳走に対抗し、虚空へとうっちゃってしまうほどの強靭《きょうじん》な存在感が、その一碗の中に潜んでいた。

さては、末期の眼だったか。寄付に座して以来、自分の中に次第に高まってきていたものの正体に気付き、私の中で何かが溶け始めた。

ずっと、自分はぎりぎりの縁を歩んで来たのだった。精妙な所作に熟練し、それが半ば無意識化する時、初めて精神は自由を得る。制約を引き受けてこそ、命は輝く。それが生であったか。

利休は摑んでしまったのだろう。かけがえのない真理が、亭主と客がほの暗い「胎内」に連座し、官能の秘儀に与《くみ》してこそ受け継がれる。人間という歴史的生命のあり方に未だ見ぬ本質があるような気がして、景色が揺れた。

＊1
ジェームズ・タレル
光そのものを素材に、知覚に働きかけ普段意識しない光の実在を感じさせるインスタレーション作品や空間を制作している、アメリカの現代美術作家。日本では新潟県に『光の館』、香川県に『南寺』などの作品がある。

＊2
今井宗久
戦国・安土桃山時代の堺の茶人であり、豪商。信長、秀吉に仕えた茶湯三宗匠の一人。信長の庇護の下でさまざまな権益を得、鉄砲製造や火薬類を供給して巨富を築く。1587年の北野大茶湯では、秀吉の茶頭も務めた。

＊3
長次郎
父は明出身の陶工とされる。千利休の創意を受けて、それまで主流であった中国、朝鮮の陶磁器とは異なり、手とへらだけで成形、低火度で焼成した「樂焼」を完成させた。千家十職のひとつ、樂吉左衛門家の初代とされる。

あとがき

　こうして、日本のクオリアを巡る旅を振り返った時に浮かび上がってくるのは、日本という小さな島国の中にさえ顕《あらわ》れる、世界の多様性に対する感謝と驚嘆の思いである。

「日本」は、決してひとまとまりでも、定まったものでもない。日本列島は地理的に海に囲まれ、歴史的にもある程度独立した経緯をたどってきたことは事実である。しかし、日本は決して外界に対して閉ざされてきたのではない。「鎖国」政策をとっていた江戸時代でさえ、日本は閉ざされていなかった。周囲の世界との行き来はあった。

　そもそも、固有のクオリアというものは、閉鎖系ではなく開放系の中にこそ育まれるもの。私たちはついつい「名前」をつけてそれで安心してしまいがちである。「日本」というラベルをつけると、そこに動かしがたい実体があるように思ってしまう。しかし、実際には違う。「日本」は揺れ動き続けている。オリジナリティと影響、感化と受容の関係は微妙で豊かである。私たちが「日本固有」のものと思っていることの多くが、外国からの影響の下に育まれた。逆に、この島国からも、諸外国に多くのものが「贈りもの」として差し出されてきている。

開かれていてこそ、ある文化圏は豊かに育まれる。一人の人間も同じこと。成長し続けるためには、自分が何ものであるかと決めつけてはいけない。組織や肩書きで人間を評価するなど愚かなこと。脳は本来完成型のない「オープン・エンド」な性質を持っている。私たちは一生学び続けることができるはずである。それにもかかわらず、自らのすばらしい可能性を閉ざしてしまう例が散見されるのは、自分が何ものであるか決めつけて、それで安心してしまうからである。

「日本のクオリア」も、開かれ続けることで育っていく。自分が生まれ育った文化を愛するのは人間の自然な心情である。やたらと外国かぶれになっても仕方がない。西洋の事物を自分なりに吸収し、解釈しても、本家の人たちはそれほどの感謝をしてくれない。彼らが本当に求めているのは、日本人ならではの、独特の世界観と感性に基づく何らかの「贈りもの」であろう。例えば、「寿司」の文化が世界各地でいかに歓迎されているかを見よ。

しかし、自分たちの歴史や文化に誇りを持つということと、頑なになることとは違う。伝統というものは、それが生きたものである以上、必ず私たち自身の生命の更新プロセスと共鳴しなければならない。生命の本質は、開かれているということである。変化し続けるということである。容易には予想ができない偶有性を抱きしめるということである。そのことさえわかっていれば、「日本のクオリア」を愛することは、決して頑なな排外主義者への道ではない。

そもそも、クオリアには、決して言葉では記述しきれない機微がある。たとえば、白神山地《しらかみさんち》の森の風情。あの手つかずの大叢林《だいそうりん》に包まれた時に胸を去来するものの中には、どんなにそのことを考えても尽くすことのできない不思議な感触があった。

あるいは、熊本で訪れた「トンカラリン」の遺跡。暗く狭い道を通り、やがて陽光のあふれる外界へと出る。自分が誕生した道筋を再体験し、死と再生を言祝《ことほ》ぐかのような設《しつら》いのあの場所が、一体誰によってどのような思いでつくられたのか。現代において、そのような場所はあるのか。考え思うほどに、自分の中でざわざわと動き出すものが感じられる。

クオリアは、その場で記号のように消費され尽くされるものではない。寄り添えば寄り添うほどに、多くの恵みが得られる文脈。自分の生命がゆっくりと育まれる現場。たとえ、もはや変化をせず、永遠に留まりゆくもののように思えても、そこには必ずや私たちの生命の変化を促す契機がある。

そもそも、私たちの脳の変化はゆっくりとしている。私たちはむろん動物で、ある程度の速さで運動しなければ用が足りない。身体の運動を制御する神経細胞のネットワークも、それなりの速度で作用するように設計されている。

その一方で、私たちが世界とのかかわりの中から学び、育ち、やがて面目を一変させるそのプロセスは、大変ゆっくりしている。それは、植物が伸びるありさまに似ている。私たちの脳の中の神経細胞どうしをつなぐ「シナプス」と呼ばれる部位がどのように強化され、あるいは減じるか。その変化は、日々の経験が積み上げられ、整理される中で、ゆったりと変化していく。

自分が愛すべきクオリアを見つけたら、それに寄り添うべきである。そのことで、脳の生理作用のテンポが私たちに恵みをもたらしてくれる。例えば、千利休が創始した茶の湯の芸術性に縁があって感染し、深く心を動かされたとしよう。たとえ、世界全体から見たら茶室の中で起こることは小さく見えたとしても、実際にはそこに無限の奥行きがある。どれほど真剣に寄り添っても、鋭意努力しても、試行錯誤を重ねたとしても極めることのできない宇宙がそこにある。だからこそ、「道」というものができる。クオリアは、無限の航路の水先案内人に過ぎない。

見いだせ、愛しめ、そして捧《ささ》げよ。古《いにしえ》の人は、地平線が限られた世界に暮らしていただけにかえって、インターネットの情報の海に翻弄されてあれこれと移り気な現代人よりもよほど、生命ののびしろの本質に通じていた。

閉ざしてはいけない。「日本のクオリア」を開かれたものとしてとらえることは絶対に必要である。しかし、それは、必ずしも「諸外国との交流を通して」といったお題目においてのみ把握されるべきものではない。たとえ物理的には日本に留まっていたとしても、その限られた空間の中に、無限のヴァリエーションがあり、成長の余地がある。そもそも、クオリアの空間はこの現実のそれとは独立している。敢えて言えば古代ギリシャのプラトンが言うところの「イデア界」に通じている。だからこそ、日本のクオリアに沈潜する時、私たちはすでに日本という地理的限定を超え始めている。入り口は「日本」にあるかもしれない。しかし、その狭い入り口から達することができるのは、世界よりも私たちの頭の中よりも広い内的宇宙である。

クオリアを魂の成長のきっかけとすること。旅を続けるうちに私の心の中にあったのは、そのことだけだった。むろんそれは、世界についてあれこれと考える理屈とも無縁ではない。論理と感性は分離していると考えがちだが、理想的な場合に両者は融合する。すぐれた芸術作品は、ロジックと感受性の結婚の奇跡を示す。

日本のあちらこちらを旅しながら、私は、自分の内側の科学者としての論理と、一生活者としての感性が融合して渾然《こんぜん》一体となる奇跡に、何度も立ち会うことになった。その現場での出来事のあれこれが、この一冊の本の中に記録されている。

クオリアとは不思議なもので、実際にその場所に行かなければ感触が得られない。どれほど情報を集め、写真を見て、映像を眺めても、その空間に包まれてみなければ、立ち上げることができない。

その場所に立った時、自分の内側にどのようなクオリアが感じられるか。自分という楽器が、どんな調べを奏でるか。魂がどんなふうに共鳴するか。そのような自分のありようを見つめることは、旅をすることの最大のよろこびである。

クオリアを受容すること。そのことが、旅をすることの最大の意義となる。そして、クオリアと出会うためには、自らの生命が震え、周囲と交感し、それがやがて意識の中で定着されるという一連の過程が必要となる。

本書は、小学館の雑誌『和樂《わらく》』に連載された「日本のクオリアを旅する」を中心に、日本のクオリアを巡るさまざまを書き綴った文章を集めたものである。単行本化にあたって、文章の一部を修正、加筆した。

連載「日本のクオリアを旅する」は、編集者でライターの橋本麻里さんが毎回行き先を選定し、旅程その他をアレンジして下さった。橋本さんの広い知識と鋭い感性、そして何よりも対象に対する深い愛のあるお仕事がなければ、私はここで出会ったものたちに遭遇することはできなかったろう。ここに、橋本さんに心からの感謝を捧げる。

また、『和樂』掲載にかかわる編集のさまざまは、編集部の渡辺倫明さんにお世話になった。渡辺さんの、いつもにこにこと笑顔を絶やさない姿勢に、どれほど慰められたかわからない。旅先で酒を酌《く》み交わす友人としても、渡辺さんにはとてもお世話になった。本書に挿入された写真家の浅井広美さんによる作品も、渡辺さんのセレクションによるものである。ここに深謝する。

最後に、本書を手にとって下さった読者の皆様へ。私が訪れた日本各地の現場にいつか皆さんも旅をして、現地に行かねば感じられぬ「クオリア」に向き合う時間の恵みもたれんことを、著者として心から祈念いたします。

2009年5月　東京にて　茂木健一郎

日本のクオリアを旅するために　旅ガイド

茂木健一郎が「日本のクオリア」を求めて旅した場所一覧

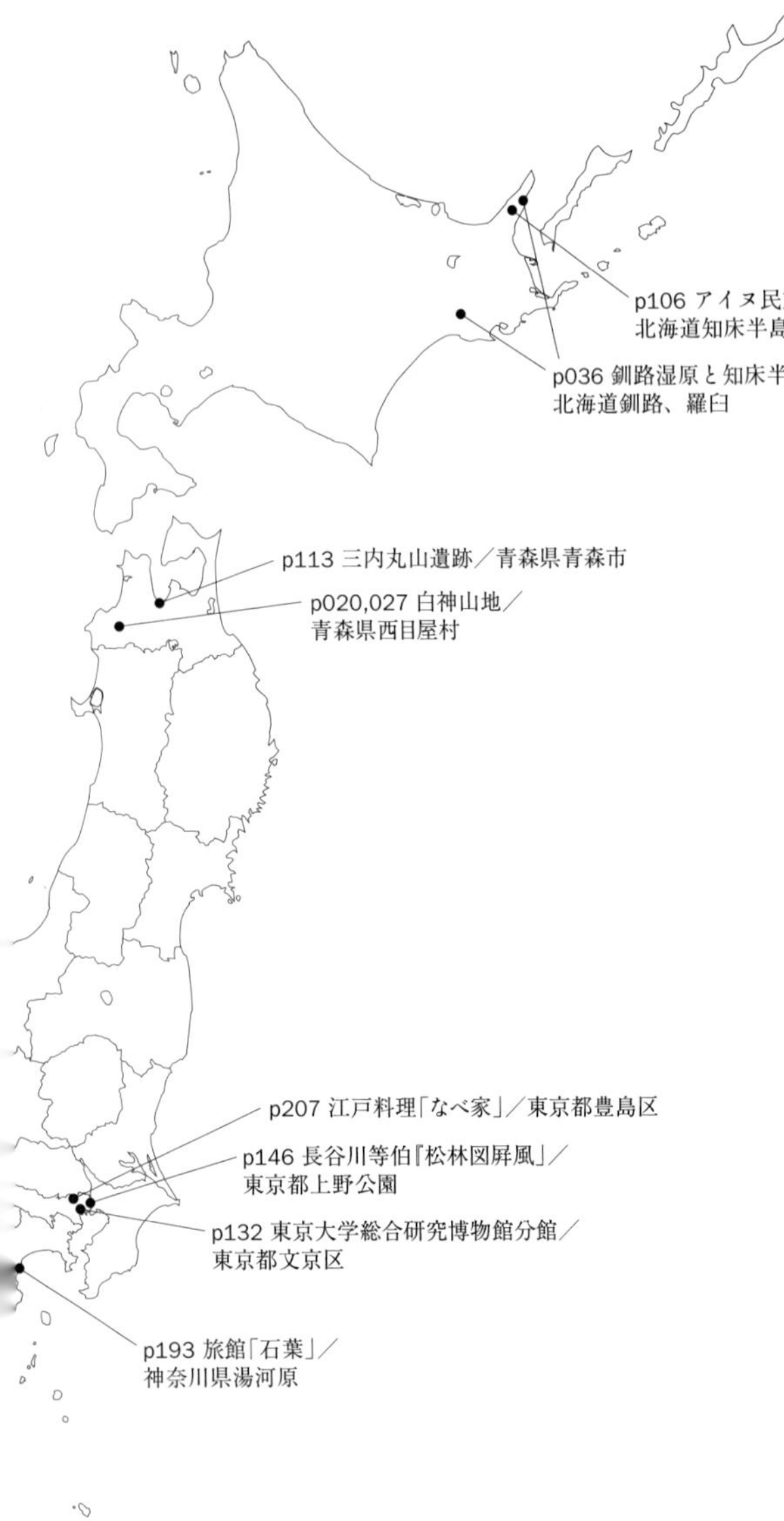

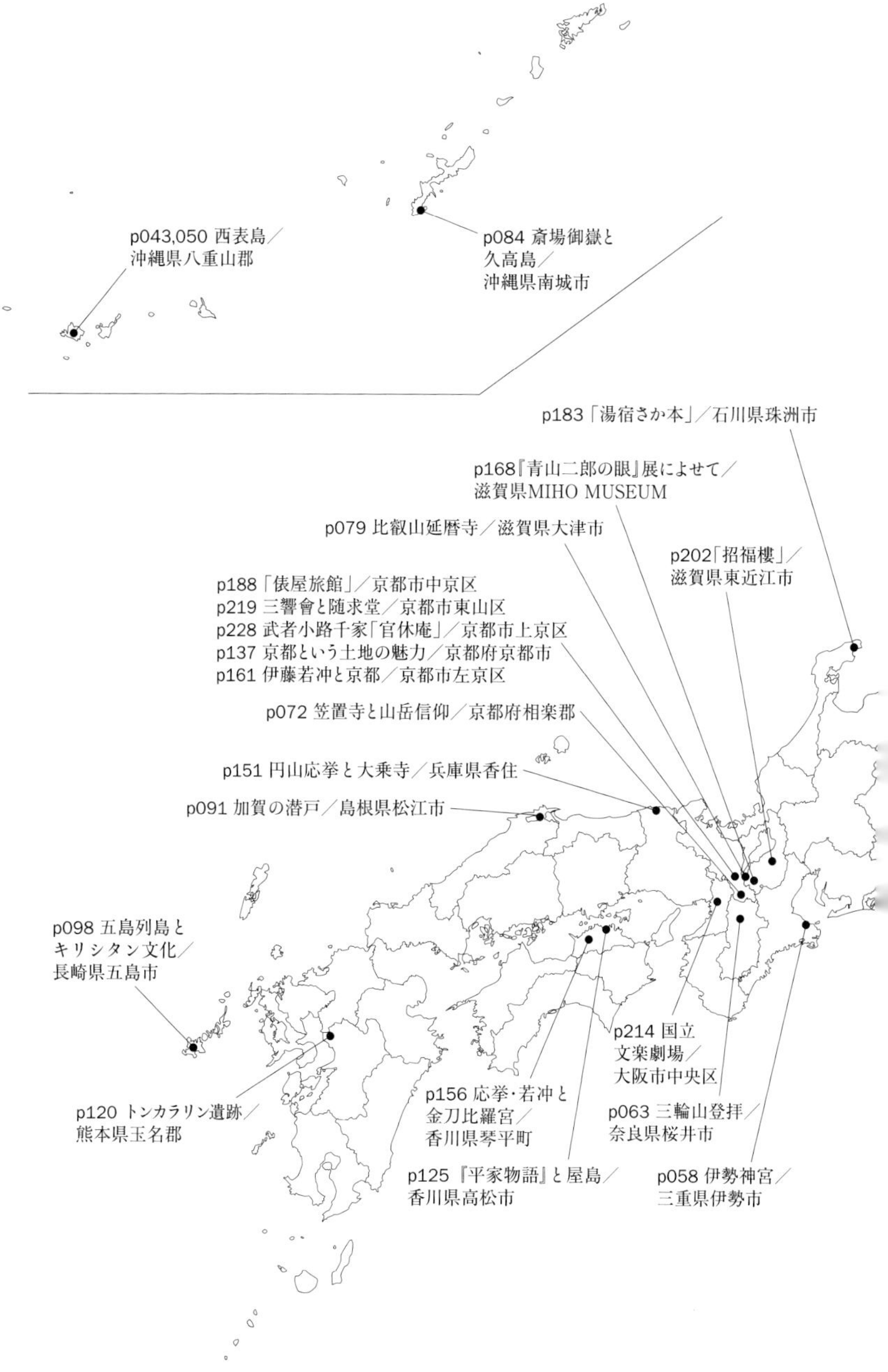
p043,050 西表島／
沖縄県八重山郡
p084 斎場御嶽と
久高島／
沖縄県南城市
p183「湯宿さか本」／石川県珠洲市
p168『青山二郎の眼』展によせて／
滋賀県MIHO MUSEUM
p079 比叡山延暦寺／滋賀県大津市
p202「招福樓」／
滋賀県東近江市
p188「俵屋旅館」／京都市中京区
p219 三響會と随求堂／京都市東山区
p228 武者小路千家「官休庵」／京都市上京区
p137 京都という土地の魅力／京都府京都市
p161 伊藤若冲と京都／京都市左京区
p072 笠置寺と山岳信仰／京都府相楽郡
p151 円山応挙と大乗寺／兵庫県香住
p091 加賀の潜戸／島根県松江市
p098 五島列島と
キリシタン文化／
長崎県五島市
p120 トンカラリン遺跡／
熊本県玉名郡
p156 応挙・若冲と
金刀比羅宮／
香川県琴平町
p125『平家物語』と屋島／
香川県高松市
p214 国立
文楽劇場／
大阪市中央区
p063 三輪山登拝／
奈良県桜井市
p058 伊勢神宮／
三重県伊勢市

西表島 p043,050

沖縄県八重山郡

「アプネア・アドベンチャー石垣島」は高野氏が所属するエコ・ツアー・ショップ。西表島前編で紹介した山下秀之氏が主宰する。これまで「マヤグスク・エコ・アドベンチャーズ」として、西表島でのカヌーによるマングローブツアーなどの各種エコ・ツアーを主催してきたが、新たに石垣島に「アプネア・アドベンチャー」を開設した。ヤエヤマボタル観察などの季節限定ツアーをはじめ、各種のエコツアーを開催している。

[住所]沖縄県石垣市川平1216-354 ☎0980・88・2727

[西表島へのアクセス]

国内各地、沖縄本島から飛行機か船で石垣島へ。石垣港から安栄観光、八重山観光フェリーで、大原港もしくは上原港行きフェリーで約40分。

●ピナイサーラの滝

落差約55メートルを誇る沖縄県最大の滝。ピナイ＝ひげ、サーラ＝～のような、という意味。ピナイ川の支流からカヌーで川を遡行し、ピナイ川の船着き場で下船。カヌーを下りて熱帯雨林を40～50分登ると、滝上に出る。

白神山地 p020,027

青森県西目屋村

青森県南西部から秋田県北西部にかけて広がるブナの原生林を主とした山地で、世界遺産(自然遺産)に登録。各種規制があるため、入山は青森、秋田両県のアクセスポイントからとなる。

[住所]青森県中津軽郡西目屋村大字田代字神田61-1 ☎0172・85・2810(白神山地ビジターセンター) 開館時間／8時半～17時(7月1日～10月31日)、9時～16時半(11月1日～6月30日)

[白神山地へのアクセス]JR弘前駅より弘前バスターミナルまで徒歩4分、弘南バス田代行き西目屋村役場前下車、徒歩5分。10月28日まで、津軽峠行き白神ライン直通バス、定期路線バスと接続のシャトルバスが運行。詳細は弘南バス弘前バスターミナルまで。

●白神マタギ舎

[住所]青森県中津軽郡西目屋村田代字神田104-35 ☎0172・85・2415(9時～20時)詳細な問い合わせは電話もしくはHPのメールフォームから。HP／http://homepage2.nifty.com/matagisha/Index.html

伊勢神宮 p058

三重県伊勢市

お伊勢さま、大神宮さんと親しまれているが、正式名称は「神宮」。天照大御神をお祀りする皇大神宮、天照大御神の御饌都神である豊受大神をお祀りする豊受大神宮の両正宮を中心に別宮、摂社、末社、所管社等125社の総称。

[住所]内宮：三重県伊勢市宇治館町1 外宮：三重県伊勢市豊川町 ☎0596・24・1111(神宮司庁代表) 参拝時間／4時～19時(季節によって変動あり)

[伊勢神宮へのアクセス]内宮／近鉄特急で名古屋から伊勢市駅、近鉄宇治山田駅まで約1時間半、駅からバス15分内宮前下車。外宮／伊勢市駅から徒歩10分。

●滝原宮

伊勢神宮内宮の別宮で天照大御神を祭神とし、祭祀や遷宮など本宮に準ずる扱いを受ける。

[住所]三重県度会郡大紀町滝原872 ☎0598・86・2018 参拝時間／4時～19時(季節によって変動あり)

[滝原宮へのアクセス]JR滝原駅下車徒歩20分。三重交通南紀特急バス瀧原宮前下車。

釧路湿原と知床半島 p036

北海道釧路、羅臼

釧路湿原にある塘路湖では、夏はカヌー、ホーストレッキング、冬は犬ぞり、わかさぎ釣り、スノーラフティングなど、アウトドア体験を楽しめる。カヌーツーリングは塘路湖を出発し、アレキナイ川を経由して釧路川へ。大型カヌーを使用した8名までの相乗りで、地元のガイドが案内する(4月下旬～11月下旬)。

[住所]北海道川上郡標茶町塘路北8-73(レイクサイドとうろ) ☎015・487・2172

[塘路湖へのアクセス]釧路空港から車で約1時間、札幌からJR特急スーパーおおぞらで釧路駅まで約4時間半、釧路からJR釧網線塘路駅まで約30分、塘路駅から徒歩20分。

●知床山海塾

羅臼山岳会副会長でもある佐々木泰幹氏が主宰するネイチャーガイド。参加者の要望に応じてツアーのアレンジを行う(2009年は休止)。[住所]北海道目梨郡羅臼町幌萌町623-42 ☎01538・8・1261

[羅臼へのアクセス]中標津空港から車で約1時間半。JR釧路駅前から阿寒バスで約3時間半。

比叡山延暦寺 p079

滋賀県大津市

平安時代初期の僧侶、最澄によって開かれた、比叡山全域を境内とする寺院であり、平安京の北方に位置したため、北嶺とも称された。最澄が創立した一乗止観院という草庵を皮切りに、東塔、西塔、横川など、三塔十六谷の堂塔の総称として比叡山と呼ぶ。空海が開創した高野山金剛峯寺と共に、約1200年もの間、日本宗教界の最高の権威として君臨。厳しい山修山学に務めることで知られ、後進の僧たちからは、融通念仏宗の開祖良忍、浄土宗の開祖法然、浄土真宗の開祖親鸞、臨済宗の開祖栄西、曹洞宗の開祖道元、日蓮宗の開祖日蓮など新仏教の開祖や、日本仏教史上著名な僧の多くを輩出。「日本仏教の母山」とも呼ばれる。

[住所]滋賀県大津市坂本本町4220　☎077･578･0001　拝観時間／8時半～16時半(季節によって変動あり)

[比叡山へのアクセス]京阪電鉄京津線坂本駅下車徒歩10分またはJR湖西線比叡山坂本駅下車徒歩20分。坂本ケーブル延暦寺駅から徒歩10分

三輪山登拝 p063

奈良県桜井市

大神神社は、三諸の神奈備と称され、古来より神の鎮まる山として信仰されてきた三輪山を御神体とするため、本殿は設けず、拝殿の奥にある三ツ鳥居を通して三輪山を拝するという、原初の神祀りの様が伝えられている。天孫として降臨した天照大御神に対して、大地を象徴する最高の神格、大国主神を祀っており、生活全般の守護神として、また医薬･酒造り、厄除けの神として醸造業者などから広く信仰を集める。山内の一木一草に至るまで、神宿るものとして一切斧をいれることを許さず、松･杉･檜などの大樹に覆われている。三輪山への登拝は、隣接する狭井神社から。社務所で入山料を納め、参拝証の襷を受けなければならない。撮影禁止。悪天候などの場合は入山禁止となることもある。

[住所]奈良県桜井市三輪1422　☎0744･42･6633(大神神社社務所)　参拝時間／境内自由

[三輪山へのアクセス]JR桜井線三輪駅から徒歩5分、桜井駅(JR･近鉄)よりバス三輪明神参道口下車徒歩10分。西名阪道天理ICから国道169号で20分。

斎場御嶽と久高島 p084

沖縄県南城市

琉球地方独自の信仰形態の特質が色濃く現れている斎場御嶽は、創世神アマミキヨによって創られたといわれる七御嶽のひとつで、琉球最高の聖地。歴代の琉球国王はこの地を訪れ、西の海に浮かぶ久高島を遙拝した。歴史的に農村集落の中核をなし、城としての機能を持つ今帰仁城跡、座喜味城跡、勝連城跡、中城城跡 、首里城跡、園比屋武御嶽石門、玉陵、識名園などと共に、琉球が統一国家へ始動し始めた14世紀後半から、王国が確立した18世紀末にかけて生み出された琉球独自の特徴を表す文化遺産群として、2000年に世界遺産「琉球王国のグスク及び関連遺産群」に登録された。「斎場」は最高位を意味し、「斎場御嶽」は通称。正式な神名は「君ガ嶽、主ガ嶽ノイビ」という。

[住所]沖縄県南城市知念字久手堅サヤハ原　☎098･948･4660(がんじゅう駅南城)　観覧時間／9時～17時　入場料／200円

[斎場御嶽へのアクセス]沖縄自動車道南風原南ICから約40分。那覇バスターミナルから志喜屋線「体育センター入口」下車、徒歩30分。

笠置寺と山岳信仰 p072

京都府相楽郡

笠置寺は古来から巨岩信仰の聖地として崇敬を集める。奈良時代に仏教の普及に伴って東大寺の良弁僧正、実忠僧正が弥勒大磨崖仏を刻んだのが寺としての始まり。1331年(元弘元年)、いわゆる元弘の乱で倒幕を志す後醍醐天皇を匿ったことで、全山が焼失。衰退著しく一時は無住となったものの、明治以降に復興された。

[住所]京都府相楽郡笠置町笠置山29　☎0743･95･2848　拝観時間／7時～16時

[笠置寺へのアクセス]JR関西本線笠置駅からハイキングコース(史の道コース)経由徒歩40分で山門、有料駐車場あり。

●円成寺

柳生街道随一の名刹。日本最古の春日造り社殿として春日堂･白山堂が国宝に指定。運慶が25歳頃に刻んだ国宝･大日如来像を祀る。

[住所]奈良県奈良市忍辱山町1273　☎0742･93･0353　拝観時間／9時～17時

[円成寺へのアクセス]JR奈良駅から奈良交通バス柳生行、邑地中村行で忍辱山下車すぐ。

アイヌ民族の聖地 p106

北海道知床半島

知床半島とその沿岸海域は、流氷によって大量のプランクトンが発生、これをエサとするサケ、マスなどの魚介類が豊富に生息し、河川を遡上する際、ヒグマやオジロワシに捕食される。このような海と陸の食物連鎖が保存された自然環境が残る点を評価され、2005年に世界遺産(自然遺産)に登録された。また自然と調和しながら生きる文化を育んだ先住民族であるアイヌ民族の歴史的、文化的遺産が多数現存していること、樺太アイヌや北海道アイヌといったいくつかの民族が、それらを聖地のように語り継いでいることも明らかとなっており、さまざまな団体がエコツーリズムを実践している。

[住所]北海道斜里郡斜里町ウトロ東284 ☎0152・22・5522(知床ナチュラリスト協会) ツアー/アイヌ民族の聖地巡礼ツアーは4月上旬〜11月上旬まで。約3時間。料金/大人5000円

[ウトロ地区へのアクセス]JR釧網本線知床斜里駅より網走バス・斜里バスで約60分、JR石北本線網走駅より網走バスで約90分、ウトロ温泉下車。

加賀の潜戸 p091

島根県松江市

『出雲国風土記』に佐太大神の出生地と記される広大な海蝕洞窟内には、地元の人々によって設えられた社や賽の河原があり、生々しい民俗信仰の一端を伺える。陸上からは近づけない旧潜戸近くまで船を寄せ、下船して徒歩で探勝。

[住所]島根県松江市島根町加賀港 ☎0852・85・9111(マリンプラザしまね) 運航時間/8時半〜17時(11月〜3月運休)

[加賀の潜戸へのアクセス]JR松江駅から一畑バスマリンゲート行きで30分、終点下車、町内バス沖泊行きに乗換え、マリンプラザ前下車すぐ。安来道路東出雲ICから55分。

●美保神社

事代主神、三穂津姫を祭神として祀る。事代主神が天孫に国土を奉献した後、海中に青柴垣を作って籠もったという「国譲り」神話にちなんだ青柴垣神事、諸手船神事などが催されている。

[住所]島根県松江市美保関町美保関608 ☎0852・73・0506

[美保神社へのアクセス]JR松江駅より国道431号を車で約50分。

三内丸山遺跡 p113

青森県青森市

今から約5500〜4000年前の縄文時代、長期間にわたって定住生活が営まれた集落跡。公園としての整備が進み、住居跡、復元建物など通年で公開、自由に見学できる。

[住所]青森県青森市大字三内字丸山 ☎017・781・6078(遺跡展示室) 見学時間/9〜19時(4〜10月、遺跡内展示室、展示遺構は18時まで)、9〜17時(11〜3月、遺跡内展示室、展示遺構は16時半まで) 入園無料

[三内丸山遺跡へのアクセス]JR青森駅から車で約20分、市営バス運転免許センター行きで三内丸山遺跡下車すぐ。

●小牧野遺跡

約4000年前の縄文時代に造られた遺跡。最大直径35メートル、2400個の石を三重の石垣状に並べた環状列石をシンボルとし、竪穴式住居、湧水遺構、墓、道路なども見つかっている。

[住所]青森県青森市大字野沢字小牧野 ☎017・761・4796(青森市教育委員会 文化財課)

[小牧野遺跡へのアクセス]市営バス大柳辺線野沢下車、徒歩20分。

五島列島とキリシタン文化 p098

長崎県五島市

堂崎教会は1879年以来、弾圧後の五島における宣教活動の拠点となり、1908年、建て替え工事によって現在の赤レンガ、ゴシック様式の天主堂が完成、日本二十六聖人に捧げられた。「五島カトリックの総本山」とも称され、長く厳しい弾圧を絶え抜いた五島キリシタンの受難と勝利のシンボルとして、県の有形文化財に指定。ユネスコの世界遺産暫定リストへ掲載が決まった「長崎の教会群とキリスト教関連遺産」のひとつ。

[住所]五島市奥浦町堂崎2019 ☎0959・73・0705 公開時間/9時〜17時(第1日曜のミサ以外)

[堂崎教会へのアクセス]福江港から県道162号で約10キロ。五島バス戸岐行き、忠太首下車徒歩15分。

●水之浦教会

水之浦湾を望む小高い丘の上に建つ、荘厳な木造ゴシック様式の教会。1880年に創建。

[住所]長崎県五島市岐宿町岐宿1644 ☎0959・82・0103 公開時間/8〜17時(日曜のミサ以外)

[水之浦教会へのアクセス]福江港から五島バス三井楽行きで23分、水之浦下車すぐ。

東京大学総合研究博物館分館 p132

東京都文京区

東京大学の前身にあたる旧東京医学校本館を転用。教育研究の現場を支えてきた標本・図画・模型・機器・什器のコレクションが、学問が「高貴なるもの」だった頃の面影を伝える。

［住所］東京都文京区白山3-7-1　☎03・5777・8600（ハローダイヤル）　開館時間／10時～16時半　月・火・水休（ただし祝日は開館）

［博物館分館・植物園へのアクセス］

都営三田線白山駅下車徒歩約10分東京メトロ丸ノ内線茗荷谷駅下車徒歩約15分。

●小石川植物園

1684年、徳川綱吉の御殿の跡地に幕府が作った「小石川御薬園」を前身とし、日本でもっとも長い歴史を持つ植物園。植物園本館に収められた植物標本は約85万点（東京大学総合研究博物館と一体に運営され、標本は約170万点収蔵）、植物研究の世界的センターとして機能している。

［住所］東京都文京区白山3-7-1　☎03・3814・0138　開園時間／9時～16時半　入場料／大人330円

トンカラリン遺跡 p120

熊本県玉名郡

地中にできた暗渠や地割れによる縦穴の上部を葺石で塞いで、460メートルに渡ってつなげた随道型の遺構。古代の祭祀施設、排水施設など諸説あり、幾度か調査もされたが、時代を特定できる決定的な発見には至っていない。

［住所］熊本県玉名郡和水町瀬川　☎0968・86・3111（和水町経済課商工観光係）

［トンカラリン遺跡へのアクセス］JR鹿児島本線玉名駅から九州産交バス山鹿行きで25分、菊水ロマン館前下車、徒歩10分。

●チブサン古墳

全長45メートルの前方後円墳で古墳時代後期を代表する装飾古墳。横穴式石室に設けられた厨子形石棺の内壁に赤・黒・白の三角文や菱形文が連続する中に二重の円文が描かれている。

［住所］熊本県山鹿市城西福寺1816　☎0968・43・1145　入場料／100円　山鹿市立博物館の開館日の10時・14時の２回、石室内部の見学ができる（博物館で要受付）。

［山鹿市立博物館へのアクセス］九州産交バスで博物館前下車、徒歩５分

京都という土地の魅力 p137

京都府京都市

三十三間堂は後白河上皇が、自身の職住兼備の「法住寺殿」と呼ぶ院御所内に、当時、権勢を誇った平清盛の資財協力によって創建したもので、正式名は蓮華王院。その本堂が「三十三間堂」と通称される。前後10列の階段状の壇上に整然と並ぶ、1001体の千手観音立像は圧巻。

［住所］京都府京都市東山区三十三間堂廻町657　☎075・561・0467　拝観時間／8時～17時（11月16日～3月は9時～16時）　拝観料／600円

［三十三間堂へのアクセス］市バス206、208、207、特207系統で博物館・三十三間堂前または東山七条下車、徒歩すぐ。京阪電鉄京阪七条駅下車、徒歩5分。

『平家物語』と屋島 p125

香川県高松市

屋島は瀬戸内海国立公園にある海抜293メートルの半島形溶岩台地。頂上部が平坦で、その形状が屋根に似ているところから屋島と名づけられた。かつては狭い海峡で隔てられていた島であったが、江戸時代の新田開発により陸続きに近くなったものの、今なおかつての海峡である相引川で隔てられている。1184年、一の谷の戦いに破れた平宗盛らが安徳天皇を奉じて屋島に拠り、翌1185年に起こった「屋島の戦い」の古戦場としても知られる。この戦いで源氏方の武者・那須与一が、平氏方の軍船に掲げられた扇の的を射落とした故事は特によく知られている。屋島ドライブウェイを経て山上から一望する瀬戸内海の景色、また奈良時代に鑑真和上が開創したと伝えられる屋島寺、新屋島水族館、屋島城跡などが見どころ。

［住所］香川県高松市屋島東町1821　☎087・841・9443（屋島山上観光協会）

［屋島へのアクセス］琴電瓦町駅、琴電屋島駅前より屋島山上行きシャトルバスで約10分、屋島山上駐車場下車。

応挙・若冲と金刀比羅宮 p156

香川県琴平町

「讃岐のこんぴらさん」として親しまれる、全国の金比羅神社の総本社。書画に造詣の深かった代々の別当や宮司たちが文化芸能の保護、育成に熱心に取り組んだため、境内の内外に数多くの文化財が残されてきた。円山応挙、長沢蘆雪、司馬江漢、河鍋暁斎、高橋由一の作品が、境内の宝物館、表書院などで公開されている。

［住所］香川県仲多度郡琴平町892-1　☎0877・75・2121（社務所）

［金刀比羅宮へのアクセス］高松琴平電気鉄道琴平線琴電琴平駅から参道口まで徒歩10分、御本宮まで徒歩30分。

●香川県立ミュージアム

弘法大師空海、松平家といった香川の特徴的なテーマを紹介する。平賀源内の創案といわれる『衆鱗図』は常設展、特別展などで随時公開。詳細は館まで問い合わせ。

［住所］香川県高松市玉藻町5-5　☎087・822・0002　開館時間／9時～17時　入場料／400円

［香川県立ミュージアムへのアクセス］JR高松駅から徒歩10分。

伊藤若冲と京都 p161

京都市左京区

平安時代の仏教・神道美術から始まった細見家三代にわたるコレクションは、室町時代の水墨画、根来塗、桃山時代の茶陶、七宝工芸、伊藤若冲や琳派など江戸絵画まで、重要文化財30数点を含む1000点余。年数回の企画展を開催。

［住所］京都府京都市左京区岡崎最勝寺町6-3　☎075・752・5555　開館時間／10時～18時　月曜休　入館料／700円

［細見美術館へのアクセス］京都市バス31・201・202・203・206系統「東山二条」下車徒歩3分。地下鉄東西線「東山」駅下車徒歩7分。

●古美術 佃

コンクリート打ち放し、素焼きタイルを敷いた床から、光も風も入る開放的な座敷へとつながる居心地のいい空間で、李朝白磁、古伊万里、染付から土ものまでゆったりと選ぶことができる。

［住所］京都府京都市中京区寺町竹屋町東入ル　☎075・231・3812　営業時間／13～18時　（土曜のみ開店。ただし事前連絡すれば対応可）

［古美術 佃へのアクセス］京阪線神宮丸太町駅から徒歩約8分。

長谷川等伯『松林図屏風』 p146

東京都上野公園

東京国立博物館は1872年、湯島聖堂での「博覧会」を前身として設立、1889年に帝国博物館と改称する。戦後は帝室から国民のための博物館へと姿勢を転換、1965年のツタンカーメン展、74年のモナ・リザ展などの特別展が大きな話題を呼んだ。現在の収蔵品の件数は11万件を超え、うち87件が国宝。619件が重要文化財に指定されている。展示室は1～2階に25室、中央の大階段を取り巻いて「ロ」の字状に配置。２階は時代別の展示を中心にテーマ展示が織り交ぜられる。第2室は「国宝室」として、毎回１件の国宝が交替展示されており、１月は『松林図屏風』を展示。

［住所］東京都台東区上野公園13-9　☎03・5777・8600（ハローダイヤル）　開館時間／9時半～17時、特別展開催期間中の毎週金曜日は20時、土、日、祝日、振替休日は18時まで　常設展観覧料／600円

［東京国立博物館へのアクセス］JR上野駅、鶯谷駅から徒歩10分。東京メトロ銀座線・日比谷線上野駅 、千代田線根津駅、京成電鉄京成上野駅から徒歩15分。

円山応挙と大乗寺 p151

兵庫県香住

伊藤若冲や長沢蘆雪、曾我蕭白、池大雅、与謝蕪村らと同時代に活躍し、誰よりも幅広い層から支持を得ていた円山応挙。水墨画から着色の大和絵にいたるまで、それまでの日本絵画のあらゆる様式と技法、さらに西洋の透視図法まで身につけ、それらを総合して作り上げたスタイルが、いま私たちが「日本画」と呼んでいる絵の源流となった。この応挙が最晩年、一門を挙げて取り組んだのが、兵庫県・大乗寺の障壁画である。この寺の住職であった密蔵上人が、修業時代の応挙に学資を援助した縁から、８年がかりで仕上げた襖絵は全165面。本尊の十一面観音像を中心に、襖絵の画題と配置によって、空間全体を立体曼荼羅として荘厳した。現在客殿内では複製画を展示。収蔵庫に保管されているオリジナルは、春秋に限定して公開される。

［住所］兵庫県美方郡香美町香住区森860　☎0796・36・0602　拝観時間／9時～16時（受付15時40分まで）内拝料／800円

［大乗寺へのアクセス］JR山陰本線香住駅よりタクシーで5分。

「俵屋旅館」p188

京都市中京区

江戸時代から公家や大名の常宿とされた俵屋旅館のモットーは「清潔な施設」「おいしい料理」「快適な睡眠」。奇を衒うことのない「もてなし」の原点を突き詰めることで、俵屋は世界中のVIPから揺るぎない評価を得ており、また常に客室の改装を続け、その向上に余念がない。宿泊しない場合でも、俵屋プロデュースのショップ・レストランで、そのエッセンスに触れることができる。「ギャラリー遊形」は寝具からアメニティ、照明器具までオリジナルグッズを扱う。「遊形サロン・ド・テ」は11代当・主佐藤年さんが収集するヴィンテージ家具を設えた、優雅なティーサロン。河原町三条にあった名店「カフェリドル」のレシピによるデザートが見逃せない。さらにてんぷら専門店「点邑」は京野菜や湯葉などを素材に、日本料理としての天麩羅を楽しむことができる。

[住所]京都府京都市中京区麩屋町通姉小路上ル　☎075・211・5566

[俵屋旅館へのアクセス]JR京都駅よりタクシーで10分。地下鉄烏丸線御池駅下車、徒歩３分。

『青山二郎の眼』展によせて p168

滋賀県MIHO MUSEUM

神慈秀明会の会主・小山美秀子のコレクションを展示するため、1997年に開館。コレクションは、ギリシャ、ローマ、エジプト、中近東、ガンダーラ、中国、日本など、幅広い地域と時代に渡る優品2000点以上を有し、南館では常設展を、北館ではシーズン毎の特別展示を行う。館長は辻惟雄氏(東大名誉教授)。「桃源郷」をイメージして作られた建物は、ルーヴル美術館の「ガラスのピラミッド」、ワシントンのナショナル・ギャラリー東館などで有名な建築家、イオ・ミン・ペイによるもの。景観保護のため、建築容積の8割が地下に埋設されており、敷地内の移動は電動カート。また、館内に併設された喫茶、レストランでは農薬、化学肥料を使わないメニューが楽しめる。

[住所]滋賀県甲賀市信楽町桃谷300　☎0748・82・3411　開館時間／10時～17時　入館料／1000円

[アクセス]JR琵琶湖線石山駅下車、タクシーで35分。JR石山駅南口より MIHO MUSEUM行きバスで約50分、終点下車。

旅館「石葉」p193

神奈川県湯河原

かつて温泉地の別荘として設計された古い数寄屋を生かし、若草山の緑深い山中に本館と離れが佇む。華美さ、目先の新奇さを追うことのない落ち着いた佇まいが、高級旅館、ホテルに泊まり慣れた客層から篤い支持を受ける。無色透明、温度の高い源泉からひいた掛け流しの湯は、男女とも露天・内湯がそれぞれ１か所ずつ。１日ごとの交替制で刻々と変化する箱根の自然を楽しめる。相模湾から揚がる新鮮な魚介、地元の無農薬野菜をふんだんに用いた料理は、ボリュームで押すのではなく、眼と舌の歓びに奉仕する。アロママッサージなどのサービスも充実。本館７室、離れ２室はそれぞれ異なる設えと眺望で客を迎える。茂木氏のお薦めは月見台を備えた離れの「観月庵」。

[住所]神奈川県足柄下郡湯河原町宮上749　☎0465・62・3808

[旅館石葉へのアクセス]JR東海道線湯河原駅からタクシーで10分。

「湯宿さか本」p183

石川県珠洲市

能登半島の先端、かつて湯治場として知られた珠洲の郊外にひっそり佇む小さな宿。家族だけで宿の一切を切り盛りするため、客室はわずか２部屋しかなく、華美な設えや煌びやかな雰囲気もない。しかし、丁寧に磨き上げられた囲炉裏の間や漆の湯船、清潔感溢れる寝床など、ここを訪れれば居心地のよさとは何かが瞬時に理解でき、まさに静謐という言葉がピッタリの宿。また、自家菜園の野菜や地物の海の幸など、奥能登ならではの滋味溢れる美味が楽しめ、「本物のくつろぎ」を求める人々の熱烈な信奉を集める。

[住所]石川県珠洲市上戸町寺社　☎0768・82・0584　1・2月休　宿泊料／16,000円(2名1室時の1名分1泊2食料金)

[湯宿さか本へのアクセス]能登有料道路終点の穴水此木ICから珠洲道路を50km、金沢内灘ICから約2時間。JR和倉温泉駅よりタクシーで約1時間半。

国立文楽劇場 p214

大阪市中央区

「文楽」は、太夫、三味線、人形遣いの「三業一体」で、男性のみによって演じられる人形劇。江戸時代中期に近松門左衛門や紀海音ら優れた作家を輩出、上方を中心に歌舞伎をしのぐ人気を得た。1973年からは研修生制度が発足、伝統芸能ながら、家柄や血筋によらない演者がその歴史を受け継いでいる。この文楽発祥の地・大阪で、1984年4月に開場記念公演が行われたのが国立文楽劇場。定期的な文楽公演の他に、狂言、落語・漫才、浪曲など上方の芸能の公開・保存・継承の拠点となっている。文楽鑑賞教室も開催。館内には展示室や図書室もあり、文楽に関する知識を高められる。また太夫、三味線、人形遣いや裏方の養成も行っている。

［住所］大阪府大阪市中央区日本橋1-12-10　☎06・6212・2531　営業時間／上演内容により異なる　観覧料金／上演内容により異なる

［国立文楽劇場へのアクセス］地下鉄千日前線日本橋駅下車、徒歩1分。

三響會と随求堂 p219

京都市東山区

南座は、元和年間に京都所司代が認可した四条河原町にあった7つの櫓(座)のひとつ。1906年に松竹が買収し、歌舞伎発祥の地の伝統を守り続けている。

［住所］京都府京都市東山区四条大橋東詰198

☎075・561・1155　観覧料金／公演によって異なる

［南座へのアクセス］

京都市バスで四条河原町で下車、徒歩５分または四条京阪前下車すぐ。京阪電鉄四条駅下車すぐ。阪急電鉄河原町駅徒歩３分。

●清水寺・随求堂

清水寺の塔頭・慈心院の本堂で、随求菩薩(秘仏)が祀られている。堂下は随求菩薩の胎内に見立てた真っ暗な空間を、大数珠を頼りに巡る「胎内めぐり」が設えられている。

［住所］京都府京都市東山区清水1-294　☎075・551・1234　拝観時間／9時～16時　拝観料／100円

［随求堂へのアクセス］京都駅から市バスで五条坂下車、徒歩10分。

「招福楼」 p202

滋賀県東近江市

万葉の時代からの水陸交通の要衝、宿場町としてにぎわった八日市に店を構える日本屈指の名料亭、招福楼。剣道、茶の湯、禅の道に精進を重ねる主人、中村秀太良氏が、1948年の開店以来、料理はもとより器、室礼、建築、庭園にいたるまで、その厳しい美意識で総合的に演出。

［住所］滋賀県東近江市八日市本町8-11　☎0748・22・0003　営業時間／12時～15時、16時～22時(毎月第１、３、５月曜、年末年始休)

［招福楼へのアクセス］近江鉄道八日市駅下車。

●西明寺

三重塔(国宝)初層内部は法華経の図解、三十二菩薩などが極彩色で描かれた国内唯一の鎌倉時代の壁画。本尊薬師如来(重文)は秘仏。

［住所］滋賀県犬上郡甲良町池寺26　☎0749・38・4008　拝観料／500円、三重塔拝観料／1000円

［西明寺へのアクセス］JR東海道本線河瀬駅、彦根駅から車で20分。

江戸料理「なべ家」 p207

東京都豊島区

東京・大塚に店を構える「なべ家」の主人・福田浩氏は、長谷川青峰(『日本料理大鑑』編者)、川上行藏(『料理文献解題』編者)両氏の指導を受け、料理古書の世界へ誘われ、江戸時代の料理本を手本にさまざまな江戸時代料理の研究・再現を志してきた。その著作は『料理いろは庖丁』(共著・柴田書店)、『豆腐百珍』(共著・新潮社)、『Meshi飯』(共著・ピエブックス)、『完本 大江戸料理帖』(新潮社・とんぼの本)など多数。店では再現料理だけでなく、鮎やふぐといった季節の料理を中心に、再現料理も含めたコースを提供している。

［住所］東京都豊島区南大塚１-51-14　☎03・3941・2868　営業時間／17時～21時半(ラストオーダー19時)

［なべ家へのアクセス］JR大塚駅より徒歩5分。

武者小路千家「官休庵」 p228

京都市上京区

京都御所警護にあたる侍たちが住まうことから「武者小路通」と呼ばれ、三条西実隆の屋敷があったと伝えられる地に茶室を構えるのが、武者小路千家。千利休の孫、元伯宗旦の４人の息子のうち、長男は故あって家を出、次男の一翁宗守、三男の江岑宗左、四男の仙叟宗室がそれぞれ官休庵（武者小路千家）、不審庵（表千家）、今日庵（裏千家）として道統を継ぎ、今日に至っている。現在流儀を率いるのは、第14代不徹斎宗守家元。また家元後嗣宗屋若宗匠は、領域を限定しない学際的な交流の中で、茶の湯文化の考察と実践の深化を試みている。武者小路千家を象徴する茶室、官休庵の創建は流祖一翁。一畳台目半板入り向切り、台目下座床がつき、茶道口から入って半畳分の板畳を踏み込みとすることで、面積以上の広がりを感じさせる。

[住所]京都市上京区武者小路通り小川東入613　☎075･411･1000　※茶室は非公開。露地の見学は事務局宛、葉書にて申し込みのこと。

[官休庵へのアクセス]地下鉄烏丸線今出川駅より徒歩7分。

茂木健一郎　もぎけんいちろう
一九六二年東京生まれ。東京大学理学部、法学部卒業後、
東京大学大学院理学系研究科物理学専攻課程修了。理学博士。
理化学研究所、ケンブリッジ大学を経て現在、
ソニーコンピュータサイエンス研究所シニアリサーチャー、
東京工業大学大学院連携教授のほか、
東京大学、大阪大学、早稲田大学などの非常勤講師をつとめる。
専門は、脳科学、認知科学。主な著書に『脳とクオリア』（日経サイエンス社）、
『生きて死ぬ私』（徳間書店）、『脳と仮想』、『ひらめき脳』（新潮社）、
『脳を活かす勉強法』（ＰＨＰ研究所）など多数。
『脳と仮想』で第四回小林秀雄賞、
『今、ここからすべての場所へ』（筑摩書房）で第十二回桑原武夫学芸賞を受賞。
二〇〇六年よりＮＨＫ『プロフェッショナル　仕事の流儀』キャスターもつとめる。
オフィシャルブログ、「クオリア日記」は
一日二万件以上のアクセス数を誇る人気ブログとなっている。
筆者の最新情報もこのブログで入手できる。
http://kenmogi.cocolog-nifty.com/

本書は、小学館『和樂』
二〇〇六年七月号～
二〇〇八年九月号に連載された、
「日本のクオリアを旅する」
および『和樂』に掲載された
エッセイをまとめたものです。
単行本化に際し、一部
加筆、修正されています。

ブックデザイン
杉坂和俊
八木孝枝 エボシライン

写真
浅井広美

著者近影
佐藤敏和

取材・文
［注、ガイドページ］
橋本麻里

校正
小学館クリエイティブ

制作
速水健司
森 雅彦
西手成人

宣伝
島田由紀

販売
奥村浩一

編集
渡辺倫明
清水芳郎

脳で旅する 日本のクオリア

二〇〇九年七月一三日 第一版第一刷発行

著 者―茂木健一郎
発行者―蔵 敏則
発行所―株式会社 小学館
〒一〇一-八〇〇一
東京都千代田区一ツ橋二-三-一
電話 編集…〇三-三二三〇-五一一八
販売…〇三-五二八一-三五五五
印刷所―大日本印刷株式会社
製本所―牧製本印刷株式会社

ISBN978-4-09-387855-5